Möhre
liebt Schnitzel

Impressum

Produktmanagement: Annemarie Heinel
Textredaktion: Anja Ashauer-Schupp
Korrektur: Asta Machat
Layout und Satz: Susanne Topitsch, Nebe+Topitsch Design,
www.nebe-topitsch.de
Umschlaggestaltung: Susanne Topitsch, Nebe+Topitsch Design,
www.nebe-topitsch.de, unter Verwendung von Fotos
von Pia Grimbühler
Repro: Repro Ludwig, Zell am See
Herstellung: Bettina Schippel
Text und Rezepte: Margit Proebst
Fotografie: Pia Grimbühler, www.piagrimbuehler.ch
Foodstyling: Feride Dogum, www.feridedogum.ch
Illustrationen: Susanne Topitsch, Nebe+Topitsch Design,
www.nebe-topitsch.de

Printed in Italy by Printer Trento

Sind Sie mit diesem Titel zufrieden?
Dann würden wir uns über Ihre Weiterempfehlung freuen.
Erzählen Sie es im Freundeskreis, berichten Sie Ihrem
Buchhändler, oder bewerten Sie bei Onlinekauf.
Und wenn Sie Kritik, Korrekturen, Aktualisierungen haben,
freuen wir uns über Ihre Nachricht an Christian Verlag,
Postfach 40 02 09, D-80702 München oder per E-Mail an
lektorat@verlagshaus.de.

Unser komplettes Programm finden Sie unter:

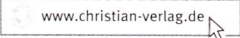

www.christian-verlag.de

Die Deutsche Nationalbibliothek verzeichnet diese Publikation
in der Deutschen Nationalbibliografie; detaillierte bibliogra-
fische Daten sind im Internet über http://dnb.d-nb.de abrufbar.

© 2014 Christian Verlag GmbH, München
ISBN 978-3-86244-668-1

Wenn Ihnen dieses Buch gefällt, lege ich Ihnen folgende
auch ans Herz: Breakfast & Brunch, Salat & Dressing, Kartoffel
& Knolle. Guten Appetit! Ihre Margit Proebst

Margit Proebst
Fotos Pia Grimbühler

Möhre liebt Schnitzel

Das Kochbuch für Veggies & Beefies

CHRISTIAN

Inhalt

Vorwort 7
Möhre und Schnitzel tête à tête 8
Für Veggies und Beefies: Genuss im Doppelpack 10
Hülsenfrüchte, Soja- und Weizenprodukte 12

Vorspeisen, Salate & Snacks 14
Edle Vorspeisen für Gäste 16
Salatvariationen mit zweierlei Topping 22
Exotische Salate aus aller Welt 32
Snacks von Samosas bis Sandwiches 36

Suppen, Eintöpfe & Currys 42
Linsensuppe auf zwei Arten 44
Cremig mit Veggie- und Beefie-Einlage 46
Asia-Süppchen mit Pfiff 56
Von Curry bis Gulasch 60

Aus Topf und Pfanne 72
Allerlei Schnitzel 74
Von Puten- bis Wirsingröllchen 88
Gemüse satt mit Beefie-Plus 100
Variabel gefüllt: Pfannkuchen 114
Tempeh, Tofu und Halloumi 118

Mit Nudeln, Reis & Co. 124
Von Spaghetti carbonara
bis Tagliatelle mit Sherrysauce 126
Risotto, Bulgur und Couscous 136
Gnocchi, mal einfach, mal edel 144
Polenta mit zwei Ragouts 150

Frisch aus dem Backofen 152
Lecker überkrustet 154
Von Krautstrudel bis Pilz-Crumble 160
Die Füllung macht's 166
Feines vom Blech 170
Von Auberginen-Parmigiana bis Zwiebelkuchen . . . 176

Register 186

Tauschtabelle: Gängige Zutaten
und vegane Alternativen . . . . Klappe vorne

Vorwort

Sie lieben Salat, Gemüse, Pasta und Hülsenfrüchte und können auf Fleisch und Fisch gut verzichten? Für Ihren Partner / Ihre Partnerin dagegen ist eine Mahlzeit ohne ein ordentliches Stück Fleisch kein richtiges Essen? Oder Sie selbst mögen Braten, Schnitzel, Frikadellen und Co., aber Ihre halbwüchsigen Kinder haben beschlossen, sich künftig vegetarisch (oder sogar vegan) zu ernähren? Das stellt Sie bei der Zusammenstellung des Speiseplans für die ganze Familie vor ganz neue Herausforderungen. Ihre liebsten Freunde sind Vegetarier und sollen bei Einladungen genauso schlemmen können wie die Fleischliebhaber in der Runde? Dann sind die Doppelrezepte in diesem Buch wie für Sie gemacht, denn hier ist für jeden Geschmack etwas dabei.

Ein Rezept – zwei Varianten, heißt die Devise. Ich wünsche Ihnen viel Vergnügen beim gemeinsamen Genießen!

Margit Proebst

Möhre und Schnitzel tête à tête

Wie viele Menschen heutzutage er-
nähre ich mich im Alltag überwiegend
vegetarisch, weiß aber auch Fisch oder
ein gutes Stück Fleisch zu schätzen.
Ich werde Ihnen vegetarische Ernährung
also nicht als die moralisch bessere
Lebensweise darstellen und versuchen,
Ihnen Ihr Schnitzel auszureden.
Ebenso wenig möchte ich ungezügeltem
Fleischkonsum das Wort reden und
Vegetarisches als müden Ersatz verstan-
den wissen. Bei den Rezepten dieses
Buchs kommen Vegetarier und Fleisch-
liebhaber gleichermaßen auf ihre Kosten.

Das Doppelrezepte-Prinzip

Für den Vegetarier ist es auf Dauer
langweilig, einfach das Fleisch wegzu-
lassen und die Beilagenportionen zu
vergrößern. Und dem Fleischfan zu
Gemüse, Hülsenfrüchten und Nudeln
einfach ein Schnitzel zu servieren,
ist auch nicht sonderlich fantasievoll.
Aus diesem Grund habe ich Doppelrezepte entwickelt, bei denen beide
ohne großen Mehraufwand in der Küche
genussvoll satt werden.

Die Rezepte sind folgendermaßen
konzipiert: Die Grundzutaten und die
Zubereitung sind für beide Rezept-
varianten gleich. Dazu kommen einige
wenige zusätzliche Zutaten und Arbeits-
schritte für die Veggie- bzw. Beefie-
Portion. Sie fragen sich, was ein »Beefie«
sein soll? Beefie ist eine Wortschöpfung,
die wir uns in Anlehnung an das bereits
gebräuchliche »Veggie« für Vegetarier
und alles Vegetarische haben einfallen
lassen. Sie bezeichnet die Liebhaber
von Fleisch, Schinken, Speck und Ähn-
lichem sowie Fisch.

Sie finden also in den Zutatenlisten
der Rezepte zuerst die Grundzutaten,
die Sie für beide Gerichte brauchen,
und im Anschluss daran die Extra-
Zutaten für die Veggie- und die Beefie-
Portion. Im Rezept lesen Sie dann, in
welcher Reihenfolge Sie alles zubereiten
sollten, um am Ende zwei verlockende
Gerichte servieren zu können, die
keine Wünsche offen lassen. Sie werden sehen, das funktioniert einfacher
als gedacht!

Vegetarisch oder vegan?

Veganer verzichten neben Fleisch und
Fisch zusätzlich auf alle Produkte
tierischen Ursprungs wie Milchprodukte,
Eier und Honig. Da vegane Ernährung
zunehmend populärer wird, finden Sie
bei vielen Rezepten Tipps, wie Sie die
Veggie-Variante veganertauglich zu-
bereiten können. Außerdem finden
Sie in der vorderen Klappe eine kleine
Übersicht, welche tierischen Zutaten
sich problemlos durch eine vegane
Alternative ersetzen lassen.

Das Gros der Rezepte in diesem Buch
ist für zwei Personen konzipiert, nämlich
einen Vegetarier und einen Fleischliebhaber. Daneben gibt es aber auch

viele familien- oder gästetaugliche Rezepte für vier Personen. Insgesamt geht es mir in erster Linie um Genuss, nicht um einen ausgefeilten Ernährungsplan, der sein Hauptaugenmerk auf die Ausgewogenheit der Nährstoffe richtet. Schließlich hat es sich bei Vegetariern und Veganern herumgesprochen, dass sie einem möglichen Mangel an B-Vitaminen und Mineralstoffen wie Eisen und Zink durch einen möglichst abwechslungsreichen Speisezettel und eventuell durch die Einnahme entsprechender Nahrungsergänzungsmittel begegnen sollten. Und auch Fleischfans ist im Allgemeinen bewusst, dass eine ausgewogene Mischkost, die Gemüse, Obst und Vollkornprodukte beinhaltet, sinnvoll ist.

Wo kaufe ich am besten ein?

Regionale und saisonale Produkte sind immer empfehlenswert, aber natürlich kein Muss. Ob auf dem Wochenmarkt, in kleinen Metzgereien und Fischläden oder im gut sortierten Supermarkt – die wenigsten Zutaten für die Rezepte in diesem Buch sind so ausgefallen, dass Sie sie lange suchen müssten.

Fleisch- und Fischkauf ist Vertrauenssache, da werden Sie beim guten Metzger oder Fischhändler besser fahren als beim Discounter. Manche Zutaten, insbesondere Sojaprodukte, finden Sie in Bioläden in großer Auswahl. Aber auch viele Supermarktketten haben den Trend der Zeit hin zu vegetarischer und veganer Ernährung erkannt und ihr Angebot erfreulich erweitert.

Die Veggie-Zutaten aus dem Bioladen sind oftmals ein wenig teurer. Bedenken Sie aber bitte, dass auch gutes Fleisch seinen Preis hat. Konsequenterweise sollten Sie auch beim Veggie-Gericht nicht sparen! Wenn also hin und wieder etwas kostspieligere Zutaten wie spezielle Nüsse oder Früchte eine Rolle spielen, so gleicht sich das unterm Strich sicher aus. Und keine Sorge, es gibt im Buch jede Menge Rezepte, die Ihr Budget garantiert nicht sprengen.

Ein Topf oder besser zwei?

Wenn der Vegetarier die Sache entspannt sieht, darf das Wiener Schnitzel gerne mit dem panierten Sellerieschnitzel in einer Pfanne brutzeln. Bei Hähnchen-, Puten- oder Kalbfleisch ist das Aroma nicht so intensiv, dass es alles andere geschmacklich überlagern würde. Speckaroma dagegen überträgt sich leicht, auch Fisch kann die Veggie-Portion komplett »kontaminieren«. In diesen Fällen ist es ratsam, die Gerichte in zwei separaten Pfannen zuzubereiten. Das Gleiche gilt für Backofengerichte vom Blech oder aus der Auflaufform. Wer Bedenken hat, dass der Geschmack von Hackfleisch oder Schinken auf die Veggie-Portion übergeht, verwendet sicherheitshalber zwei Formen oder unterteilt das Blech sauber mit Alufolie. Probieren Sie einfach aus, womit Sie und Ihr Partner besser zurechtkommen.

»Nach einer guten Mahlzeit kann man allen verzeihen, selbst seinen eigenen Verwandten.«
Oscar Wilde

Wenn dazu jeder seine Lieblingsspeise kredenzt bekommt, möchte man ergänzen, steht der Harmonie bei Tisch erst recht nichts im Wege.

Für Veggies und Beefies: Genuss im Doppelpack

Kartoffeln, Nudeln und Reis mag eigentlich jeder, das Gleiche gilt für eine Reihe von Gemüsesorten. Damit lassen sich schon eine Menge leckerer Gerichte zubereiten, die Veggies und Beefies gleichermaßen schmecken.

Gemüse und Pilze

Von Spargel, Möhren und Kohlrabi im Frühling bis zu Kürbis, Quitten und Maronen im Herbst, von Zucchini, Auberginen und Tomaten im Sommer bis zu Wirsing und Rotkohl im Winter – das ganze Jahr über verlocken unterschiedliche Gemüsesorten zum Zugreifen. Achten Sie dabei möglichst auf regionale Sorten, die gerade Saison haben. Gemüse, das frisch geerntet und ohne lange Transportwege in Ihre Küche gelangt, schmeckt einfach am besten! Mit ein wenig gutem Öl und ein paar frischen Kräutern zaubern Sie daraus mühelos die herrlichsten Gerichte. Für den Beefie ergänzen Sie das Ganze mit Fleisch oder Fisch.

Rind, Schwein, Geflügel, Wild und Lamm – Beefies können aus einer Vielzahl unterschiedlich schmeckender Fleischsorten wählen. Hähnchen-, Puten- und Wildfleisch sind die magersten Varianten, Kalb- und Rindfleisch sind etwas gehaltvoller, Schwein, Lamm und Ente enthalten – je nach Stück – am meisten Fett. Pro Portion sollten Sie 150–180 g Fleisch rechnen. Würstchen, Schinken und Speck sind weitere Möglichkeiten, einem Basisgericht eine Beefie-Note zu verleihen. Davon reichen bereits kleine Mengen (40–80 g).

Darüber hinaus stehen Beefies Fisch und Meeresfrüchte zur Verfügung. Nach gängiger Empfehlung sollten diese ein- bis zweimal pro Woche auf dem Speiseplan stehen. 180–250 g pro Portion sättigen dabei auf angenehme Weise.

Die Veggie-Portion lässt sich mit Eiern oder Käse ganz unkompliziert zu einer vollständigen Mahlzeit komplettieren. Außerdem sollten Pilze einen festen Platz auf Ihrem vegetarischen Speiseplan einnehmen, denn Champignons, Pfifferlinge und Co. enthalten reichlich Eiweiß und sättigen damit anhaltend. Austernpilze, Steinpilze und Kräuterseitlinge lassen sich außerdem prima in Scheiben schneiden und wie Fleisch braten, schmoren oder grillen. Weitere pflanzliche Eiweißträger wie Hülsenfrüchte, Soja- und Weizenprodukte (Tofu, Tempeh und Seitan) werden auf den Seiten 12 und 13 ausführlich besprochen.

Das Aroma-Plus

Walnüsse, Haselnüsse, Cashewkerne, Paranüsse, Mandeln, Sonnenblumen- und Pinienkerne – Nüsse und Samen bereichern den Speiseplan mit ihrem ganz besonderen, unverkennbaren Aroma. Zudem versorgen ihre Öle den Organismus mit wertvollen ungesättigten Fettsäuren. Aufgrund ihres Ölgehalts werden sie allerdings auch schnell ranzig. Kaufen Sie sie deshalb besser in kleineren Mengen, die Sie rasch verbrauchen, und bewahren Sie sie kühl und dunkel auf. Ihr volles Aroma entfalten Nüsse und Samen, wenn sie vor dem Verzehr bei geringer Temperatur ohne Fett geröstet werden.

Getrocknete Tomaten, Oliven und Kapern sind weitere aromatische Beigaben. Bereits wenige davon reichen aus, um einem Gericht eine ganz spezielle Würze zu verleihen. Getrocknete Tomaten kaufen Sie am besten in Öl eingelegt, denn sie schmecken am intensivsten. Außerdem lässt sich das aromatische Einlegeöl gut zum Anbraten oder zum Marinieren verwenden.

Oliven mit Stein schmecken ungleich besser als bereits entsteinte. Dabei müssen Sie nicht zu den teuersten greifen. Auch einfache, in Salzlake eingelegte Sorten lassen sich im Handumdrehen zu einer überaus leckeren Zutat mediterraner Veggie-Gerichte aufwerten: Lassen Sie die Oliven in einem Sieb gut abtropfen, geben Sie sie mit 1 EL frischen Thymianblättchen in ein Schraubglas, bröseln Sie eine oder zwei kleine, getrocknete Chilischoten dazu und füllen Sie das Ganze mit gutem Olivenöl auf.

Was der Kräutergarten hergibt

Sparen Sie nie mit frischen Kräutern, sie geben vielen Gerichten den letzten Schliff! Wer keinen Garten besitzt, hat vielleicht zumindest auf der Fensterbank einen sonnigen Platz für ein paar Kräuterstöckchen: Basilikum, Thymian und Rosmarin gedeihen dort ebenso problemlos wie Oregano, Minze und Lorbeer. Darüber hinaus brauchen Sie neben Salz und Pfeffer ein kleines Sortiment an getrockneten Gewürzen. Gewürzmischungen wie indisches Garam masala oder orientalisches Ras-el-Hanout bringen einen Schuss Exotik ins Spiel.

Eine nützliche Würze, die Sie sowohl für die Veggie- wie die Beefie-Rezeptvarianten verwenden können, ist gekörnte Gemüsebrühe. Wählen Sie dabei am besten ein Produkt ohne Geschmacksverstärker. Ein kleines Sortiment an Ölen eröffnet Ihnen weitere Möglichkeiten, die Speisen abzurunden: Rapsöl und einfaches Olivenöl zum Braten, dazu ein gutes, kaltgepresstes Olivenöl und feines Walnuss- und Kürbiskernöl – damit sind Sie bestens gerüstet.

Träufeln Sie gelegentlich ein wenig kaltgepresstes Olivenöl oder Nussöl über die fertigen Gerichte. Das verleiht ihnen nicht nur zusätzliches Aroma, sondern versorgt Sie außerdem mit wertvollen Nährstoffen.

Fleischesser decken ihren Eiweißbedarf ganz einfach mit Fleisch, Fisch, Eiern und Milchprodukten wie Käse, Joghurt und Quark etc. Letztere stehen natürlich auch Vegetariern zur Verfügung. Daneben gibt es eine Reihe leckerer pflanzlicher Lebensmittel, die reich an wertvollen Proteinen sind. Dazu zählen beispielsweise Hülsenfrüchte.

Die Guten ins Töpfchen …

Hülsenfrüchte gibt es in vielen Sorten und unterschiedlichen Geschmacksrichtungen. Getrocknete Linsen, Erbsen, Bohnen und Kichererbsen punkten neben ihrem hohen Eiweißgehalt mit Vitaminen und Mineralstoffen. Sie sind vielseitig verwendbar für Salate, Suppen und Eintöpfe und bilden außerdem die Basis zahlreicher vegetarischer Brotaufstriche. Wer weder Wurst noch Käse auf sein Brot mag, findet in Bioläden eine reiche Auswahl an köstlichen Brotaufstrichen.

Bohnen und Linsen sind auch bei vielen Fleischliebhabern mehrheitsfähig. Was wäre ein Chili ohne Bohnen? Und eine kräftige Linsensuppe mundet auch vielen Beefies, zumal wenn sie mit würzigem Räucherspeck zubereitet und mit Würstchen serviert wird. Das Gleiche gilt für viele Getreideprodukte: Gegen Bulgur, Couscous und Polenta haben meist auch Fleischesser nichts einzuwenden, wenn auch am liebsten als Beilage. Für Vegetarier sind sie, besonders in der Vollkornversion, eine sättigende Basis, die mit Gemüse, Tomaten, Pilzen, Käse und vielem mehr abwechslungsreich zubereitet werden kann.

Tofu – lecker oder langweilig?

Sie haben schon Tofu probiert und fanden ihn fade? Dann haben Sie ihn sicher pur und ungewürzt gegessen. Die gute Nachricht: Tofu nimmt jedes Arcma dankbar an und ist dadurch unglaublich wandelbar. Sparen Sie deshalb nicht mit Kräutern, Gewürzen, Knoblauch, Ingwer, Chili etc. und aromatisieren Sie ihn großzügig, dann sieht die Sache gleich anders aus. Sie können Tofu vorher marinieren oder nach dem Garen entsprechend würzen.

Tofu ist eine Art Sojaquark, der zu schnittfesten Blöcken gepresst und abgepackt verkauft wird. Sein hoher Eiweißgehalt macht ihn für Veggies zu einem wertvollen Nahrungsmittel. Neben neutralem Tofu gibt es in Bioläden und gut sortierten Supermärkten mittlerweile ein beeindruckendes Repertoire an aromatisierten Sorten. Meine aktuellen Favoriten sind die Geschmacksrichtungen »Curry-Mango«, Tofu »rosso« (mit getrockneten Tomaten) und Basilikumtofu. Man kann sie einfach pur aufs Brot legen, gewürfelt als Topping für den Salat oder als Suppeneinlage verwenden.

Speck und Schinken geben vielen Beefie-Gerichten den entscheidenden Geschmackskick. Wer als Veggie das Raucharoma gerne mag, sollte seine Portion mit Räuchertofu zubereiten. Auch Scamorza, ein italienischer Räucherkäse, stellt eine interessante Abwechslung dar. Und schließlich können Sie Gemüse und Hülsenfrüchte mit Rauchsalz oder geräuchertem Paprikapulver würzen.

Seitan und Tempeh

Wer nicht immer Vegetarier war – wer war das schon –, vermisst vielleicht ab und an das Mundgefühl von einem Stück Fleisch. Tofu ist in dieser Hinsicht für den Gaumen tatsächlich eher unbefriedigend. Seitan und Tempeh hingegen sind spannendere Alternativen.

Für die Herstellung von Seitan wird nach einem jahrhundertealten, fernöstlichen Verfahren Weizenvollkornmehl mit Wasser vermengt und die Stärke so lange ausgewaschen, bis hauptsächlich Weizengluten zurückbleibt. Dieses wird mit Sojasauce und Gewürzen zu einer schnittfesten Masse verkocht und zum Verkauf abgepackt. Die Konsistenz ist sehr glatt und homogen, deshalb raue ich die Stücke vor dem Braten oder Marinieren gerne mit der Universalreibe auf. So nehmen sie, wie ich finde, Gewürze und Saucen besser an. Seitan eignet sich für die Zubereitung von Schnitzel und Geschnetzeltem ebenso wie für Gulasch und Currys.

Tempeh besteht aus Sojabohnen, die geschält, gegart und fermentiert werden. Es wird zu Blöcken oder Rollen gepresst und abgepackt in Bioläden angeboten. Sie können es – meine Lieblingsvariante – in dünne Scheiben schneiden und in Öl knusprig braten oder auch würfeln und für Spieße, Currys oder Eintöpfe verwenden. Tempeh hat Biss und ein herzhaftes Aroma, das Sie durch Marinaden oder Gewürze nach Belieben abwandeln können.

Neben neutralem Tofu, Seitan und Tempeh finden Sie in der Kühltheke von Bioläden und gut sortierten Supermärkten inzwischen eine Vielzahl von Veggie-Produkten, die Sie probieren sollten. So unterscheiden sich Tofuwürstchen geschmacklich nicht elementar von herkömmlichen Würstchen aus Fleisch, vor allem wenn sie als Suppeneinlage oder mit Senf serviert werden. Und auch manche bratfertig marinierten »Steaks« oder »Schnitzel« aus Weizenprotein sind für die schnelle vegetarische Küche geeignet. Sehen Sie sich aber bitte unbedingt die Liste der Inhaltsstoffe an: Ist diese ellenlang, macht mich das misstrauisch. Oft verbergen sich darin Geschmacksverstärker, Konservierungsstoffe und Farbstoffe, die man besser meiden sollte. Neutrale Grundprodukte, die Sie selbst mit Gewürzen und frischen Kräutern verfeinern, sind da die bessere Wahl.

Oft ist die Ergänzung durch Tofu, Seitan und Co. auch gar nicht nötig: Viele Veggie-Gerichte aus Gemüse, Getreide oder Hülsenfrüchten, die mit feinen Ölen und frischen Kräutern zubereitet sind, schmecken auch pur. Probieren Sie es am besten gleich aus, auf der nächsten Seite beginnt der Rezeptteil. Viel Spaß beim Nachkochen und gemeinsamen Schlemmen!

Früchte und Nüsse auf der einen, Schinken und Garnelen auf der anderen Seite veredeln die Gerichte hier zu kleinen Delikatessen. Auch Teigtäschchen und Sandwiches lassen sich ebenso fein mit Fleisch wie vegetarisch füllen. Wenn Ihr Beefie-Partner neugierig auf Ihre raffinierten Veggie-Varianten schielt, lassen Sie ihn ruhig mal kosten …

Vorspeisen,
Salate & Snacks

Vegan-Tipp

Veganer ersetzen den Mozzarella durch Tofu, wobei zu Papaya und Macadamianüssen neben neutralem Tofu auch ausgezeichnet die aromatisierte Variante Curry-Mango (aus dem Bioladen) passt.

Mozzarella
mit Thunfisch und Tomaten
mit Papaya und Macadamianüssen

Die Zitrone heiß abwaschen, abtrocknen und von einer Hälfte die Schale mit dem Zestenreißer in feinen Spänen abziehen (oder etwa ½ TL Schale abreiben). Anschließend 3 EL Saft auspressen. Zitronensaft und -schale mit dem Senf, je einer kräftigen Prise Salz und Pfeffer und einer kleinen Prise Zucker verrühren und das Öl unterschlagen.

Den Thunfisch und die Oliven in ein Sieb geben und abtropfen lassen. Die Kirschtomaten waschen, abtrocknen und halbieren, dabei nach Belieben die Stielansätze herausschneiden.

Die Papaya längs halbieren und die Kerne entfernen. Die Hälften schälen und in Spalten schneiden. Die Macadamianüsse grob hacken.

Den Mozzarella gut abtropfen lassen und in Scheiben schneiden. Eine Hälfte mit Papayaspalten und Nüssen, die andere mit dem mit einer Gabel zerpflückten Thunfisch, den Kirschtomaten und den Oliven anrichten.

Die Zitronenmelisse waschen, trocken schütteln und die Blätter abzupfen. Das Zitronendressing über beide Portionen träufeln und die Zitronenmelisse darüberstreuen. Dazu schmeckt knuspriges Ciabatta oder Baguette.

Variante
Statt Papaya schmeckt auch eine reife Mango dazu.

Zubereitung: 25 Minuten

Für 1+1
1 kleine unbehandelte Zitrone
1 TL mittelscharfer Senf
Salz
frisch gemahlener Pfeffer
Zucker
6 EL gutes Olivenöl
2 Kugeln Mozzarella (je 100 g)
2 Zweige Zitronenmelisse

Beefie-Extra
1 kleine Dose Thunfisch (naturell; 70 g)
6 schwarze Oliven
1 Handvoll Kirschtomaten

Veggie-Extra
1 reife Papaya (etwa 150 g)
40 g geröstete, gesalzene Macadamianüsse

Vegan-Tipp

Die Veggie-Variante dieses feinen Vorspeisensalats wird vegan, wenn man die Croûtons in Pflanzenöl brät. Die Paranüsse darin schmecken nicht nur gut, sondern sind überdies reich an Zink und anderen Mineralstoffen.

Selleriesalat
mit Bresaola und Kapern
mit Nüssen und Zimtcroûtons

Zubereitung: 25 Minuten
Garen: 1 Stunde
Marinieren: 2 Stunden

Für 2 + 2
1 kleine Knolle Sellerie (etwa 800 g)
2–3 Scheiben unbehandelte Zitrone
Salz
4 EL Weißweinessig
Zucker
frisch gemahlener Pfeffer
4 EL Walnussöl
½ Kopf Eichblattsalat

Beefie-Extra
2 EL kleine Kapern (aus dem Glas)
60 g Bresaola (italienischer Rinderschinken, ersatzweise Bündner Fleisch oder luftgetrockneter Schinken)

Veggie-Extra
2 Scheiben Toastbrot
1 EL Butter
¼ TL gemahlener Zimt
6 Paranüsse

Den Sellerie gründlich waschen, mit den Zitronenscheiben in einen Topf geben, mit Salzwasser bedecken und in etwa 1 Stunde zugedeckt weich garen. Den Sellerie herausheben und etwas abkühlen lassen. Den Kochsud beiseitestellen.

Den Essig in einer Schüssel mit je einer kräftigen Prise Salz, Zucker und Pfeffer sowie dem Walnussöl verrühren. Den Sellerie schälen, in mundgerechte Schnitze schneiden und dazugeben. So viel warmen Kochsud angießen, dass der Sellerie bedeckt ist. Den Sellerie mindestens 2 Stunden abkühlen und durchziehen lassen.

Für die Zimtcroûtons das Toastbrot entrinden und klein würfeln. Die Butter in einer Pfanne schmelzen, die Brotwürfel darin knusprig braun braten und mit einer kleinen Prise Salz und dem Zimt bestreuen. Die Paranüsse feinblättrig schneiden.

Den Salat waschen, die Blätter trocken schleudern, in mundgerechte Stücke zupfen und auf vier Tellern verteilen. Die Selleriestücke aus der Marinade heben und darauf anrichten. Zwei Portionen mit Kapern bestreuen und die Bresaolascheiben, zu Röschen gedreht, darauf anrichten. Die übrigen beiden Portionen mit den Paranüssen und Zimtcroûtons garnieren.

Tipp
Sie können den Sellerie gut schon am Vortag vorbereiten und über Nacht durchziehen lassen. Die Zitrone im Kochwasser sorgt dafür, dass der Sellerie schön hell bleibt.

Rinder-Carpaccio
Rote-Bete-Carpaccio

Den Zitronensaft mit dem Senf, einer kräftigen Prise Salz und einer kleinen Prise Zucker verrühren und das Öl unterschlagen. Den Knoblauch schälen und dazupressen. Vier Teller dünn mit der Sauce bestreichen.

Die Rote Bete in dünne Scheiben schneiden (am besten mit Einmal-Handschuhen, damit Hände und Nägel nicht verfärben) und dachziegelförmig auf zwei Tellern auslegen. Das Rinderfilet in sehr dünne Scheiben schneiden und auf den beiden anderen Tellern auslegen (siehe Tipps).

Jeweils Pfeffer über das Fleisch bzw. die Rote Bete mahlen und die übrige Sauce darüberträufeln. Die Pistazien hacken und aufstreuen. Vom Parmesan mit dem Sparschäler dünne Späne über alle vier Portionen hobeln. Dazu schmeckt knuspriges Baguette.

Tipps

Um das Rinderfilet in feine Scheiben zu schneiden, brauchen Sie eine gute Schneidemaschine. Dazu sollten Sie das Filet (am besten ein etwas größeres Stück als die benötigten 200 g) vorher für etwa 30 Minuten im Tiefkühlfach anfrieren lassen. Sie können aber auch Ihren Metzger bitten, das Fleisch zu schneiden und so auf Klarsichtfolie zu legen, dass Sie es nur noch umgedreht samt Folie auf die Teller geben und die Folie abziehen müssen.

Sie können natürlich auch frische Rote Bete verwenden: Dazu die Blätter entfernen, die Knollen mit Salzwasser bedecken oder in den Dämpfeinsatz legen und in 40–50 Minuten zugedeckt weich kochen bzw. dämpfen. Achten Sie darauf, die Schale nicht zu verletzen, damit die Knollen beim Kochen nicht »ausbluten«, also ihren wertvollen roten Saft ans Kochwasser abgeben.

Zubereitung: 20 Minuten

Für 2+2
4 EL Zitronensaft
1 TL Dijonsenf
Salz
Zucker
10 EL gutes Olivenöl
1 Knoblauchzehe
frisch gemahlener Pfeffer
30 g Pistazienkerne
1 Stück Parmesan (etwa 30 g)

Beefie-Extra
200 g Rinderfilet

Veggie-Extra
250 g gegarte Rote Bete
(vakuumverpackt)

Salat
mit Salsiccia-Crostini
mit Paprika-Crostini

Zubereitung: 35 Minuten

Für 2 + 2

300 g Salatkleinblattmischung
1 Salatgurke
4 Tomaten
2 gelbe Paprikaschoten
4 EL weißer Balsamicoessig
1 TL körniger Rotisseursenf
Salz
frisch gemahlener Pfeffer
Zucker
8 EL gutes Olivenöl
100 g Stracchino (siehe Tipp)
12 Scheiben Baguette (etwa 150 g)

Beefie-Extra

1 rohe italienische Salsiccia
(etwa 100 g)

Veggie-Extra

4 gegrillte, in Öl eingelegte rote
Paprikaschoten (aus dem Glas)

Den Salat waschen, verlesen und trocken schleudern. Die Gurke schälen, längs halbieren, die Kerne herauskratzen und die Hälften in Halbmonde schneiden. Die Tomaten waschen und achteln, dabei die Stielansätze entfernen. Die Paprikaschoten putzen, waschen und in Streifen schneiden.

Für das Dressing den Essig mit dem Senf, je einer kräftigen Prise Salz und Pfeffer und einer kleinen Prise Zucker verrühren und das Öl unterschlagen.

Den Backofen auf 200 °C vorheizen, ein Blech mit Backpapier belegen. Den Stracchino auf zwei Schälchen verteilen. Die Salsiccia aus der Haut drücken, klein schneiden und unter die eine Portion mengen. Die gegrillten Paprikaschoten abtropfen lassen, klein würfeln und unter die andere Portion mischen.

Je sechs Baguettescheiben dick mit der Salsiccia- bzw. Paprikamischung bestreichen und im heißen Ofen 6 – 8 Minuten backen, bis die Oberfläche beginnt, goldbraun zu werden.

Inzwischen den Salat auf vier tiefe Teller verteilen, Gurken, Tomaten und Paprikaschoten daraufgeben und das Dressing darüberträufeln. Die Crostini aus dem Ofen nehmen und nach Belieben ein wenig Pfeffer darübermahlen. Je drei Crostini auf den Tellerrand setzen und die Salate sofort servieren, denn warm schmecken die Crostini am besten.

Tipp
Stracchino ist ein fettreicher italienischer Frischkäse, den Sie in italienischen Feinkostgeschäften bekommen. Wenn Sie keine Einkaufsquelle dafür finden, nehmen Sie stattdessen Ricotta oder, für Veganer, fein zerbröselten Tofu, den Sie mit 1 EL des Grillpaprika-Einlegeöls vermengen.

Vegan-Tipp

Beim Panieren verzichten Sie auf Ei und Brösel. Die Tofustücke nur in Mehl wenden, goldbraun ausbacken und anschließend mit Salz und Pfeffer würzen. Bestreuen Sie den Feldsalat zusätzlich mit gerösteten Kürbiskernen.

Feldsalat

mit Kürbiskernhähnchen
mit Kürbiskerntofu

Den Feldsalat putzen, gründlich waschen und trocken schleudern. Den Essig in einer Salatschüssel mit dem Senf, je einer kräftigen Prise Salz und Pfeffer und einer kleinen Prise Zucker verrühren und die beiden Ölsorten unterschlagen.

Die Hähnchenbrustfilets kalt abwaschen, trocken tupfen und schräg in gut daumendicke Stücke schneiden. Den Tofu in 1 cm dicke Streifen schneiden.

Das Mehl auf einen Teller geben. Das Ei in einem tiefen Teller mit 1 TL Wasser verquirlen. Die Kürbiskerne grob hacken und auf einem weiteren Teller mit den Semmelbröseln mischen. Hähnchen- und Tofustreifen mit Salz und Pfeffer würzen. Zuerst die Tofu-, dann die Hähnchenstücke panieren: zuerst im Mehl wenden und den Überschuss abklopfen, dann durch das verquirlte Ei ziehen und schließlich in der Bröselmischung wenden. Die Panade sanft andrücken.

In zwei Pfannen jeweils knapp 1 cm hoch Öl erhitzen. Die Hähnchen- bzw. Tofustücke darin rundherum goldbraun ausbacken.

Den Feldsalat zum Dressing geben, gut durchmischen und den Salat auf vier Teller verteilen. Die Hähnchen- bzw. Tofustücke darauf anrichten.

Zubereitung: 30 Minuten

Für 2 + 2
250 g Feldsalat
3 EL Weißweinessig
1 TL mittelscharfer Senf
Salz
frisch gemahlener Pfeffer
Zucker
je 3 EL neutrales Pflanzenöl und Kürbiskernöl
4 EL Mehl
1 Ei
2 EL Kürbiskerne
4 EL Semmelbrösel
neutrales Pflanzenöl zum Ausbacken

Beefie-Extra
250 g Hähnchenbrustfilet

Veggie-Extra
200 g Tofu

Spinatsalat mit Rosinen
und Schinken
und Pinienkernen

Zubereitung: 30 Minuten

Für 1+1
3 EL Rosinen
600 g Wurzelspinat
Salz
1 Knoblauchzehe
3 Frühlingszwiebeln
4 EL Olivenöl
frisch gemahlener Pfeffer
½ Zitrone

Beefie-Extra
50 g Serranoschinken (in Scheiben)

Veggie-Extra
2 EL Pinienkerne

Die Rosinen in einem Schälchen mit lauwarmem Wasser bedecken. Den Spinat gründlich waschen, von den Stielen befreien und tropfnass mit einer kräftigen Prise Salz in einen Topf geben. Die Knoblauchzehe schälen, halbieren und dazugeben. Den Spinat zugedeckt bei mittlerer Temperatur in 4–5 Minuten zusammenfallen lassen, dabei gelegentlich umrühren. In ein Sieb abgießen und die Knoblauchhälften entfernen.

Die Frühlingszwiebeln putzen, waschen und bis zum hellen Grün in feine Scheiben schneiden. Den Serranoschinken samt Fettrand in Streifen schneiden. Die Rosinen in ein Sieb abgießen und abtropfen lassen.

In zwei Pfannen je 2 EL Olivenöl erhitzen. In einer den Schinken mit je der Hälfte der Frühlingszwiebeln und der Rosinen, in der anderen die übrigen Frühlingszwiebeln und Rosinen mit den Pinienkernen etwa 2 Minuten unter Rühren anbraten. Jeweils die Hälfte des Spinats untermischen und wieder erwärmen.

Den Spinat mit Salz und Pfeffer abschmecken (die Schinkenvariante braucht weniger Salz!) und auf zwei Teller geben. Die Zitrone in Schnitze schneiden und dazulegen. Sofort warm mit Baguette servieren.

Tipps
Für eine schnelle Variante können Sie aufgetauten TK-Blattspinat verwenden und mit den restlichen Zutaten sowie ein wenig fein gehacktem Knoblauch anbraten.

Zitrone färbt warmen Spinat unansehnlich braun. Deshalb schmeckt man das Gericht nicht mit Zitronensaft ab, sondern serviert die Zitrone zum Beträufeln separat dazu.

Salat mit Mango
und Lammstreifen
und knusprigen Tofuwürfeln

Zubereitung: 25 Minuten

Für 1+1
1 Romana-Salatherz
1 kleines Bund Rucola
3 EL frisch gepresster Orangensaft
1 TL grobkörniger Rotisseursenf
1 TL Orangenmarmelade
1⅓ TL Currypulver
Salz
4 EL Traubenkernöl
(oder mildes Olivenöl)
1 reife Mango
2 EL Mehl
neutrales Öl zum Braten

Beefie-Extra
120 g Lammrückenfilet
1 EL neutrales Öl

Veggie-Extra
120 g Tofu

Den Salat putzen, waschen und in mundgerechte Stücke zupfen. Den Rucola waschen, von den Stielen befreien, große Blätter kleiner zupfen. Beides zusammen trocken schleudern. Orangensaft, Senf, Orangenmarmelade, ⅓ TL Currypulver und eine kräftige Prise Salz verrühren und das Öl unterschlagen.

Den Salat auf zwei Teller verteilen. Die Mango schälen, das Fruchtfleisch vom Stein und in Spalten schneiden. Die Mangospalten auf den Salaten anrichten.

Das Fleisch kalt abwaschen, trocken tupfen und in Streifen schneiden. Den Tofu gut 1 cm groß würfeln. Das Mehl mit dem übrigen Currypulver (1 TL) in einer Schale vermischen. Erst die Tofuwürfel, dann die Lammstreifen darin wenden.

In zwei kleinen Pfannen jeweils ½ cm hoch Öl erhitzen und die Tofuwürfel bzw. Lammstreifen darin in 3–4 Minuten von allen Seiten goldbraun braten. Herausheben, zum Entfetten auf Küchenpapier legen und salzen.

Das Orangendressing über die Salate träufeln und die Lammstreifen bzw. Tofuwürfel darauf anrichten. Sofort servieren.

Variante
Das Lammfleisch können Sie durch Puten- oder Hähnchenbrustfilet ersetzen und statt Mango passen auch Orangenfilets.

Fenchel-Orangen-Salat
mit Kabeljau
mit getrockneten Tomaten und Oliven

Den Fenchel waschen, das Grün abschneiden und beiseitelegen. Die Knollen längs halbieren, den Strunk herausschneiden und die Hälften in feine Spalten schneiden.

Die Orangen über einer Schüssel so bis ins Fruchtfleisch schälen, dass auch die bittere weiße Haut entfernt ist. Die Orangenfilets mit einem scharfen Messer zwischen den Trennhäutchen herausschneiden, den Saft dabei auffangen.

Für das Dressing 4 EL Orangensaft mit dem Zitronensaft, einer kräftigen Prise Salz und einer kleinen Prise Zucker verrühren und das Öl unterschlagen. Den Fenchel und die Orangenfilets unterheben und zugedeckt 1 Stunde durchziehen lassen.

Die Senfkörner, Pfefferkörner und ¼ TL Salz im Mörser fein zerstoßen. Das Fischfilet kalt abwaschen, trocken tupfen und mit der Mischung würzen. Das Öl in einer Pfanne erhitzen, das Fischfilet darin 3 Minuten bei mittlerer Temperatur anbraten. Vorsichtig wenden, 2 EL Wasser hinzufügen und den Fisch bei geringer Temperatur in etwa 3 Minuten zugedeckt gar ziehen lassen.

Die Hälfte des Fenchel-Orangen-Salats auf zwei Tellern anrichten. Die getrockneten Tomaten abtropfen lassen und in Streifen schneiden. Mit den Oliven unter den übrigen Salat mengen und diesen auf zwei weiteren Tellern anrichten. Das Fischfilet zerpflücken und auf die zwei ersten Salatportionen geben. Das Fenchelgrün grob hacken und über alle Salate streuen. Dazu schmeckt knuspriges Ciabattabrot, gerne (auch zu den Portionen mit Fisch) mit eingebackenen Oliven oder getrockneten Tomaten.

Zubereitung: 30 Minuten
Marinieren: 1 Stunde

Für 2 + 2

2 junge Knollen Fenchel mit Grün (je etwa 200 g)
3 Orangen
2 EL Zitronensaft
Salz
Zucker
6 EL mildes Olivenöl

Beefie-Extra

1 TL gelbe Senfkörner
5 weiße Pfefferkörner
200 g Kabeljaufilet
1 EL neutrales Pflanzenöl

Veggie-Extra

6 in Öl eingelegte, getrocknete Tomaten
60 g getrocknete schwarze Oliven

Vegan-Tipp

Die Veggie-Variante ist vegan. Wer zusätzlich Eiweiß möchte, würfelt 200 g Tofu »Curry-Mango« (aus dem Bioladen) und gibt diesen auf den Salat. Alternativ bestreichen Sie sechs Scheiben geröstetes Baguette mit einem fruchtig-exotischen veganen Brotaufstrich und servieren sie dazu.

Pomelo-Chicorée-Salat
mit Hähnchenfleisch
mit Paranüssen

Die Pomelo schälen und die dicke weiße Haut entfernen. Die Frucht in Spalten teilen, das Fruchtfleisch aus den Häutchen befreien und in mundgerechte Stücke zerpflücken. Den Chicorée bis zum Stielansatz in etwa 2 cm breite Streifen schneiden, in einem Sieb mit kaltem Wasser überbrausen und gut abtropfen lassen.

Die rosa Pfefferbeeren im Mörser grob zerstoßen. Mit dem Zitronensaft, dem Senf, einer kräftigen Prise Salz und einer kleinen Prise Zucker in einer Salatschüssel verrühren und das Öl unterschlagen.

Das Hähnchenbrustfilet kalt abwaschen, trocken tupfen und in Streifen schneiden. Das Öl in einer Pfanne erhitzen. Die Hähnchenstreifen darin in 3–4 Minuten rundherum goldbraun braten. Mit Honig, Chiliflocken und Salz würzen.

Pomelostücke und Chicorée unter das Dressing mischen. Den Salat auf vier Schalen oder Gläser verteilen. Die Paranüsse feinblättrig schneiden und in zwei Schalen streuen. Die Hähnchenstreifen auf den übrigen beiden Portionen anrichten.

Tipp
Pomelos sind große, der Grapefruit ähnliche Zitrusfrüchte mit hellgrüner Schale und hellgelbem Fruchtfleisch von säuerlich-süßem Geschmack. Falls Sie keine bekommen, ersetzen Sie sie durch zwei Grapefruits rosé.

Zubereitung: 40 Minuten

Für 2+2
1 Pomelo
3 Stauden Chicorée (etwa 500 g)
1 TL rosa Pfefferbeeren
3 EL Zitronensaft
1 TL mittelscharfer Senf
Salz
Zucker
6 EL Walnussöl

Beefie-Extra
200 g Hähnchenbrustfilet
1 EL neutrales Pflanzenöl
1 TL Honig
¼ TL Chiliflocken

Veggie-Extra
6 Paranüsse

Gelber Linsensalat
mit Kokosgarnelen
mit Tempehrädchen

Zubereitung: 35 Minuten
Marinieren: 2 Stunden

Für 1 + 1
160 g getrocknete gelbe Linsen
Salz
3 Frühlingszwiebeln
1 rote Paprikaschote
1 Handvoll kleine Kirschtomaten
½ Bund Koriandergrün
1 Stück frischer Ingwer (2 cm)
2 EL Zitronensaft
Zucker
6 EL neutrales Pflanzenöl
Chilipulver

Beefie-Extra
1 Eiweiß
2 EL Kokosraspel
100 g rohe geschälte Riesengarnelen

Veggie-Extra
75 g Tempeh

Die Linsen mit 500 ml Wasser in einem Topf aufkochen lassen, umrühren und zugedeckt bei geringer Temperatur nach Packungsangabe in 10–12 Minuten bissfest kochen. Kurz vor Garzeitende ⅓ TL Salz hinzufügen; vom Herd nehmen und lauwarm abkühlen lassen.

Die Frühlingszwiebeln putzen, waschen und schräg in sehr feine Ringe schneiden. Die Paprikaschote halbieren, von Samen und weißen Trennwänden befreien, waschen und sehr fein würfeln. Die Kirschtomaten waschen und halbieren. Das Koriandergrün waschen und trocken schütteln. Die Blätter und zarten Stiele fein schneiden.

Für das Dressing den Ingwer schälen und fein reiben. Zitronensaft, Ingwer, je eine kräftige Prise Salz und Zucker verrühren und 2 EL Öl unterschlagen. Frühlingszwiebeln, Paprika, Koriandergrün und Linsen untermengen und zugedeckt 2 Stunden durchziehen lassen.

Das Eiweiß mit einer Gabel verschlagen. Die Kokosraspel in ein Schüsselchen geben. Die Garnelen am Rücken einritzen und den Darmfaden entfernen, anschließend kalt abwaschen und trocken tupfen. Das Tempeh in 2 mm dünne Scheiben schneiden.

In zwei Pfannen jeweils 2 EL Öl erhitzen. Die Tempehscheiben darin von jeder Seite 1–2 Minuten braten. Die Garnelen durch das Eiweiß ziehen, in den Kokosraspeln wenden und von jeder Seite ebenfalls 1–2 Minuten braten. Beides mit Salz und ein wenig Chilipulver würzen. Den Linsensalat auf zwei Schalen verteilen und die Tempehrädchen bzw. Kokosgarnelen darauf anrichten.

Tipp
Das Rezept lässt sich auch mit roten Linsen zubereiten, die allerdings maximal 10 Minuten kochen sollten.

Samosas mit Erbsen
und Hackfleisch
und Kartoffeln

Zubereitung:
1 Stunde 30 Minuten

Für 10+10 Stück
150 g TK-Erbsen
250 g Mehl
Salz
7 EL neutrales Pflanzenöl
1 Stück frischer Ingwer (etwa 3 cm)
1 Knoblauchzehe
1 Bund Koriandergrün
2 EL neutrales Pflanzenöl
1 TL Kreuzkümmel
½ TL Chilipulver
½ TL Garam masala
(indische Gewürzmischung)
Mehl für die Arbeitsfläche
etwa 1 l neutrales Pflanzenöl
zum Frittieren

Beefie-Extra
300 g Hähnchenbrustfilet

Veggie-Extra
300 g mehligkochende Kartoffeln

Die Erbsen auf einem Teller antauen lassen. Die Kartoffeln waschen, in einem Topf mit Wasser bedecken und in etwa 25 Minuten weich kochen.

Inzwischen das Mehl, ½ TL Salz, 5 EL Öl und 125 ml Wasser in eine Schüssel geben und mit den Knethaken des Handrührgeräts verkneten. Den Teig zu einer Kugel formen und zugedeckt ruhen lassen, bis die Füllungen fertig sind.

Den Ingwer und Knoblauch schälen und fein hacken. Das Koriandergrün waschen, trocken schütteln und fein schneiden. Das Hähnchenfleisch kalt abwaschen, abtrocknen und möglichst fein hacken. Die Kartoffeln abgießen, kalt abschrecken, pellen und mit einer Gabel fein zerdrücken.

In zwei Pfannen jeweils 1 EL Öl erhitzen. In jede Pfanne die Hälfte des Kreuzkümmels, Ingwers und Knoblauchs geben und kurz anbraten. In einer Pfanne das Hähnchenfleisch, in der anderen die Kartoffeln untermischen. Die Erbsen auf die Pfannen verteilen, etwa 5 Minuten unter Rühren braten und mit Salz und Chili würzen. Dann je die Hälfte Koriandergrün und Garam masala unterrühren. Die Füllungen abkühlen lassen.

Den Teig in zehn Portionen teilen, zu Kugeln formen, auf der bemehlten Arbeitsfläche zu Kreisen von 16 cm Durchmesser ausrollen und mit einem Messer halbieren. Je 1 gehäuften EL Füllung auf eine Seite des Halbkreises geben, die andere Seite darüberklappen und die Teigränder gut zusammendrücken. In der Fritteuse oder einem Topf das Öl zum Frittieren erhitzen. Die Samosas (die vegetarischen zuerst) darin portionsweise in 3–4 Minuten goldbraun frittieren. Mit einem Schaumlöffel herausheben und auf Küchenpapier abtropfen lassen. Lauwarm oder kalt servieren.

Ziegenkäsepastetchen
mit Parmaschinken
mit Sherryzwiebeln

Zubereitung: 30 Minuten
Backen: 20–25 Minuten

Für 6 + 6 Stück

400 g rote Zwiebeln

2 EL Olivenöl

1 TL Zucker

Salz

4 EL Sherry medium
(oder roter Traubensaft)

frisch gemahlener Pfeffer

6 rechteckige Scheiben Blätterteig
(450 g)

300 g Ziegenfrischkäse

3 Eier (M)

150 g Crème fraîche

1 TL getrockneter Thymian

etwas Butter und Mehl
für die Form

Beefie-Extra

60 g Parmaschinken

6 schwarze Oliven

Veggie-Extra

6 TL Johannisbeergelee

6 Walnusshälften

Die Zwiebeln schälen und in feine Ringe schneiden. Das Öl in einer Pfanne erhitzen, Zwiebeln, Zucker und eine kräftige Prise Salz hineingeben und 3 Minuten unter Rühren braten. Mit dem Sherry ablöschen und so lange einkochen lassen, bis die Flüssigkeit verdampft ist. Die Sherryzwiebeln kräftig pfeffern und lauwarm abkühlen lassen.

Die Blätterteigscheiben nebeneinander auf die Arbeitsfläche legen und auftauen lassen. Ziegenfrischkäse, Eier, Crème fraîche und Thymian verquirlen und mit Salz und Pfeffer würzen. Den Parmaschinken in mundgerechte, kleine Stücke zupfen.

Den Backofen auf 200 °C vorheizen. Die Mulden einer 12er-Muffinform ausbuttern und mit Mehl bestauben. Die Blätterteigscheiben jeweils mittig halbieren, sodass Quadrate entstehen, und diese in die Mulden drücken. In sechs Mulden je 1 TL Johannisbeergelee geben. Die Sherryzwiebeln auf alle zwölf Mulden verteilen und in die sechs ohne Gelee die Schinkenstückchen geben.

Die Ziegenkäsemischung gleichmäßig über die Füllungen verteilen. Auf die Schinken-Pastetchen je eine Olive, auf die Veggie-Pastetchen eine Walnusshälfte setzen. 20–25 Minuten im Ofen (Mitte, keine Umluft) backen, bis die Oberfläche leicht gebräunt und die Füllung gestockt ist. Die Pastetchen schmecken lauwarm mit einem kleinen Salat als Vorspeise oder kalt als Partysnack.

Rucola-Tomaten-Sandwich

mit Hüftsteak
mit Portobellopilz

Die Tomaten abtropfen lassen und fein hacken. Den Rucola waschen und trocken schütteln, die groben Stiele entfernen und etwa die Hälfte der Blätter fein hacken. Tomaten und gehackten Rucola unter die Butter rühren und mit Salz und Pfeffer würzen.

Das Tomatenöl in ein Schälchen geben. Den Knoblauch schälen und dazupressen. Eine Prise Salz und den Thymian unterrühren. Das Steak trocken tupfen und den Fettrand, falls vorhanden, mehrfach einschneiden. Die Pilzkappe abreiben.

Eine Grillpfanne auf mittlerer Stufe erhitzen und die Stege mit dem Würzöl einpinseln. Steak und Pilzkappe einlegen und 2–3 Minuten braten. Die Oberfläche mit dem Würzöl bestreichen, beide wenden und auf der anderen Seite ebenfalls 2–3 Minuten braten.

Inzwischen die Brötchen durchschneiden. Die Hälften leicht toasten und mit der Tomaten-Rucola-Butter bestreichen. Den übrigen Rucola auf den unteren Brötchenhälften verteilen. Steak und Pilz salzen und daraufsetzen. Mit den oberen Hälften abdecken und reinbeißen.

Tipps
Portobellopilze haben flache, 8–10 cm große Köpfe, die sich prima zum Grillen und Überbacken eignen, aber nur auf gut sortierten Märkten erhältlich sind. Wenn Sie keine Einkaufsquelle dafür haben, so verwenden Sie zwei bis drei große braune Champignonköpfe.

Wenn Sie das Gefühl haben, dass das Steak nicht zart genug ist, um einfach davon abzubeißen, so schneiden Sie es nach dem Braten in Streifen. Statt Rinderhüftsteak schmeckt auch ein gegrilltes Putenschnitzel und statt des Portobellopilzes gegrillter Halloumi.

Zubereitung: 25 Minuten

Für 1+1
3 in Öl eingelegte, getrocknete Tomaten
½ Bund Rucola
60 g weiche Butter
Salz
frisch gemahlener Pfeffer
3 EL Tomaten-Einlegeöl (oder Olivenöl)
1 Knoblauchzehe
¼ TL getrockneter Thymian
2 große Brötchen

Beefie-Extra
1 Hüftsteak (etwa 120 g)

Veggie-Extra
1 Portobellopilzkappe

Mal einfach, mal edel,
mal deftig, mal exotisch –
in diesem Kapitel feiern
Gemüse und Hülsenfrüchte
aromatische Triumphe.
Wer hätte außerdem
gedacht, dass Tofu & Co.
so lecker schmecken können
und Fleisch und Fisch nicht
wirklich vermissen lassen.
Ihr Beefie-Partner wird
das sicher anders sehen –
was völlig in Ordnung ist!

Suppen, Eintöpfe & Currys

Linsensuppe

mit Zwiebeln und Speck
mit Curry-Frühlingszwiebeln

Zubereitung: 25 Minuten
Einweichen: 1 Stunde

Für 1 + 1

100 g braune Linsen
1 Bund Suppengrün
1 Knoblauchzehe
2 EL Öl
1 TL Tomatenmark
600 ml Gemüsebrühe (Instant)
Salz
frisch gemahlener Pfeffer
1–2 EL Essig
Zucker

Beefie-Extra
1 kleine Zwiebel
40 g Räucherspeck
(ohne Schwarte)

Veggie-Extra
2 Frühlingszwiebeln
½ TL Currypulver

Die Linsen 1 Stunde in kaltem Wasser einweichen, dann in ein Sieb abgießen und abtropfen lassen. Das Suppengrün (Petersilie beiseitelegen) waschen, putzen und fein schneiden. Den Knoblauch schälen und hacken. In einem Topf 1 EL Öl erhitzen und das Suppengrün und den Knoblauch darin anschwitzen. Linsen und Tomatenmark dazugeben und 1 Minute unter Rühren braten. Mit der Gemüsebrühe ablöschen, aufkochen und zugedeckt bei geringer Temperatur 30–40 Minuten köcheln lassen, bis die Linsen weich sind.

Zum Ende der Garzeit die Zwiebel schälen und fein hacken. Den Speck fein würfeln. Die Frühlingszwiebeln putzen, waschen und bis zum hellgrünen Teil fein schneiden. Die beiseitegelegte Petersilie waschen, trocken schütteln und die Blätter fein schneiden.

In zwei Pfännchen jeweils ½ EL Öl erhitzen. In einem Zwiebel und Speck, im anderen Frühlingszwiebeln und Currypulver 2–3 Minuten bei mittlerer Temperatur unter Rühren braten. Zwiebel-Speck-Mischung und Curry-Frühlingszwiebeln jeweils in eine große Schale geben. Die Suppe mit Salz, Pfeffer, Essig und einer Prise Zucker abschmecken und auf die beiden Schalen verteilen. Mit Petersilie bestreut servieren. Dazu schmeckt herzhaftes Bauernbrot.

Tipps

Sättigender wird das Gericht, wenn Sie für die Beefie-Variante noch ein Wiener Würstchen, für die Veggie-Variante ein Sojawürstchen klein schneiden und in die fertige Suppe geben.

Linsensuppe schmeckt aufgewärmt noch mal so gut. Deshalb sollten Sie von der Basissuppe gleich die doppelte Menge zubereiten und den Rest einfrieren.

Kürbiscremesuppe
mit Schinken
mit Zitronen-Kürbiskern-Gremolata

Den Kürbis grob würfeln. Zwiebel, Knoblauch und Ingwer schälen und fein hacken.

Das Öl in einem Topf erhitzen. Zwiebel, Knoblauch und Ingwer darin etwa 1 Minute anschwitzen. Den Kürbis dazugeben und etwa 2 Minuten anbraten. Mit der Brühe ablöschen, aufkochen und bei mittlerer Temperatur 15 Minuten zugedeckt kochen lassen, bis der Kürbis weich ist. Die Suppe mit dem Pürierstab fein pürieren und mit Salz, Cayennepfeffer und Zitronensaft abschmecken.

Die Petersilie waschen, trocken schütteln und die Blätter fein schneiden. Den Schinken vom Fettrand befreien und in Streifen schneiden. Die Zitrone heiß abwaschen, abtrocknen und mit dem Zestenreißer etwa ½ TL Schale in feinen Spänen abziehen. Die Zitronenschale zusammen mit den Kürbiskernen und der Hälfte der Petersilie hacken.

Die Suppe in zwei Schalen oder tiefe Teller schöpfen, mit Petersilie und Schinkenstreifen bzw. der Kürbiskernmischung bestreuen und servieren.

Tipps
Hokkaidokürbis kann mitsamt Schale verwendet werden, bei anderen Sorten (beispielsweise Muskatkürbis) müssen Sie neben Kernen und Fasern auch die Schale entfernen.

Anstelle von Kürbiskern-Gremolata können Sie einfach 1 EL dunkelgrünes Kürbiskernöl über die Suppe träufeln.

Zubereitung: 25 Minuten

Für 1+1
250 g Kürbis (geputzt gewogen)
1 kleine Zwiebel
1 Knoblauchzehe
1 Stück frischer Ingwer (etwa 1 cm)
1 EL neutrales Pflanzenöl
450 ml Gemüsebrühe
Salz
Cayennepfeffer
1–2 TL Zitronensaft
2 Stängel Petersilie

Beefie-Extra
1 Scheibe gekochter Schinken (20 g)

Veggie-Extra
1 Stück unbehandelte Zitronenschale
½ EL Kürbiskerne

Selleriecremesuppe
mit Räuchermakrele
mit Steinpilzen

Das Selleriegrün abschneiden, waschen und beiseitelegen. Die Knolle schälen und in Würfel schneiden. Die Zwiebel schälen und fein hacken. 1 EL Butterschmalz in einem Topf erhitzen, Zwiebel und Sellerie darin 1 Minute anschwitzen. Mit Gemüsebrühe und Milch ablöschen, aufkochen und etwa 15 Minuten zugedeckt bei mittlerer Temperatur kochen lassen. Die Sellerieblätter waschen, einige davon für die Garnitur zurückbehalten, den Rest grob hacken und in den letzten 5 Minuten zur Suppe geben.

Das Makrelenfilet von der Haut lösen und in Stücke zerpflücken. Die Steinpilze säubern und in Scheiben schneiden. 1 EL Butterschmalz in einer Pfanne erhitzen und die Steinpilzscheiben darin von beiden Seiten goldbraun braten. Die Pilze zum Schluss leicht salzen.

Die Suppe mit dem Pürierstab fein pürieren. Mit Salz, Pfeffer, Muskatnuss und Zitronensaft abschmecken und in Schalen oder tiefe Teller schöpfen. Zwei Portionen mit etwas Selleriegrün und Räuchermakrele, die anderen beiden mit Selleriegrün und Steinpilzscheiben garnieren.

Varianten
Statt Räuchermakrele können Sie gebratene Baconstreifen und statt Steinpilzen knusprige Croûtons über die Suppe geben.

Zubereitung: 25 Minuten

Für 2+2

1 kleine Knolle Sellerie mit Grün (800 g; geputzt etwa 600 g)

1 Zwiebel

1 EL Butterschmalz

800 ml Gemüsebrühe (Instant)

200 ml Milch

Salz

frisch gemahlener Pfeffer

Muskatnuss, frisch gerieben

1–2 EL Zitronensaft

Beefie-Extra

1 Räuchermakrelenfilet (etwa 100 g)

Veggie-Extra

1–2 Steinpilze (etwa 100 g)

1 EL Butterschmalz

Kohlrabicremesuppe
mit Kalbsleberstreifen
mit Dill-Frischkäse-Nocken

Zubereitung: 25 Minuten

Für 1+1

1 Kohlrabi mit Grün (etwa 300 g)

1 mehligkochende Kartoffel (etwa 100 g)

1 kleine Zwiebel

½ EL Butterschmalz

400 ml Gemüsebrühe (Instant)

100 ml Milch

Salz

⅓ TL gemahlener Kümmel

1 EL Zitronensaft

Beefie-Extra

80 g Kalbsleber

1 TL Butterschmalz

frisch gemahlener Pfeffer

Veggie-Extra

2 Zweige frischer Dill

50 g leichter Frischkäse

etwas unbehandelte Zitronenschale (nach Belieben)

Das Grün von dem Kohlrabi abschneiden, die zarten, kleinen Blätter beiseitelegen. Die Knolle schälen und klein schneiden. Die Kartoffel schälen und würfeln. Die Zwiebel schälen und fein hacken.

Das Butterschmalz in einem Topf erhitzen. Die Zwiebel darin glasig anschwitzen. Kohlrabi und Kartoffel dazugeben und 1 Minute anbraten. Mit der Brühe und Milch ablöschen, aufkochen und etwa 20 Minuten zugedeckt bei mittlerer Temperatur kochen lassen, bis das Gemüse ganz weich ist.

Die Leber kalt abwaschen und trocken tupfen, von Häutchen und Sehnen befreien und in mundgerechte Streifen schneiden.

Den Dill waschen und trocken schütteln. Die Spitzen abzupfen, fein schneiden und mit einer Prise Salz unter den Frischkäse rühren. Nach Belieben mit ein wenig frisch geriebener Zitronenschale abschmecken.

Die zarten Kohlrabiblätter waschen, klein schneiden und zur Suppe geben. Die Suppe mit dem Pürierstab fein pürieren und mit Salz, Kümmel und Zitronensaft abschmecken. Zugedeckt warm halten.

In einem Pfännchen das übrige Butterschmalz erhitzen und die Kalbsleberstreifen darin 1–2 Minuten braten. Mit Salz und Pfeffer würzen.

Die Suppe in zwei tiefe Teller schöpfen. Eine Portion mit den Leberstreifen bekrönen. Für die andere die Dillcreme mit zwei Löffeln zu kleinen Nocken formen und diese daraufsetzen.

Vegan-Tipp

Verwenden Sie neutrales
Pflanzenöl statt Butterschmalz
und ersetzen Sie die Milch
durch weitere Gemüsebrühe.

Maronencremesuppe
mit Wacholder-Rehstreifen
mit Ingwer-Apfelspalten

Zubereitung: 25 Minuten

Für 2+2

1 kleine Zwiebel
1 Knoblauchzehe
1 Stück frischer Ingwer (etwa 2 cm)
1 säuerlicher Apfel
2 EL Butterschmalz
400 g gegarte Maronen
600 ml Gemüsebrühe
200 ml Milch
Salz, frisch gemahlener Pfeffer
1 EL Zitronensaft
gemahlener Zimt

Beefie-Extra

2 Wacholderbeeren
¼ TL getrockneter Thymian
1 kleines Rehschnitzel (etwa 100 g)
1 EL Olivenöl

Veggie-Extra

1 Stück frischer Ingwer (etwa 2 cm)
1 säuerlicher Apfel
1 EL Butterschmalz

Zwiebel, Knoblauch und Ingwer schälen und fein hacken. Den Apfel schälen, vom Kerngehäuse befreien und würfeln. Das Butterschmalz in einem Suppentopf erhitzen und die zerkleinerten Zutaten darin 2 Minuten unter Rühren anbraten. Die Maronen dazugeben und mit Gemüsebrühe und Milch aufgießen. Aufkochen und 15 Minuten zugedeckt bei mittlerer Temperatur köcheln lassen.

Inzwischen die Wacholderbeeren mit dem getrockneten Thymian und einer Prise Pfeffer im Mörser fein zerreiben. Das Rehschnitzel in kleine Streifen schneiden und mit dem Öl untermischen.

Für das Veggie-Extra den Ingwer schälen und in feine Stifte schneiden. Den Apfel waschen, vierteln, das Kerngehäuse entfernen und die Viertel in Spalten schneiden.

Die Rehstreifen in einem beschichteten Pfännchen ohne weiteres Fett bei mittlerer Temperatur 2–3 Minuten braten; salzen. Die Apfelspalten und Ingwerstifte in einer zweiten Pfanne im Butterschmalz etwa 2 Minuten braten.

Die Suppe mit dem Pürierstab fein pürieren. Mit Salz, Pfeffer, Zitronensaft und einer Prise Zimt abschmecken. In Schalen oder tiefe Teller schöpfen und mit den Rehstreifen bzw. den Ingwer-Apfelspalten garnieren.

Gemüsesuppe mit Kräuterpistou
und Kalbfleischbällchen und weißen Bohnen

Zubereitung: 1 Stunde

Für 2+2

200 g grüne Bohnen
4–5 Bundmöhren
2–3 Stangen Lauch
1 Zwiebel
250 g festkochende Kartoffeln
2 TL Tomatenmark
½ Bund Kräuter der Provence
(Rosmarin, Thymian, Lavendel)
Salz
frisch gemahlener Pfeffer
je 1 Bund Basilikum und Petersilie
1 Knoblauchzehe
2 EL Pinienkerne
4 EL Olivenöl
1–2 TL Zitronensaft

Beefie-Extra
250 g Kalbshackfleisch
½ TL getrockneter Oregano

Veggie-Extra
1 kleine Dose weiße Bohnen
(285 g Abtropfgewicht)

Die Bohnen waschen, eventuell entfädeln und in je zwei bis drei Stücke schneiden. Die Möhren putzen und in Scheiben schneiden. Den Lauch von Wurzeln und dunklem Grün befreien, längs aufschneiden, gründlich waschen und in Ringe schneiden. Die Zwiebel schälen, längs halbieren und in Spalten schneiden. Die Kartoffeln schälen und würfeln.

Je die Hälfte der Zutaten mit je 500 ml Wasser und 1 TL Tomatenmark in einen Topf geben. Die Kräuter der Provence waschen und auf die Töpfe verteilen. Beide Suppen aufkochen und 15 Minuten bei mittlerer Temperatur kochen lassen, dabei gelegentlich umrühren.

Inzwischen das Kalbshackfleisch mit Oregano, Salz und Pfeffer würzen und zu walnussgroßen Bällchen formen. Die weißen Bohnen in ein Sieb gießen, kalt abbrausen und abtropfen lassen. Die Kräuterzweige aus den Suppen fischen und diese mit Salz würzen. In einen Topf die Kalbsbällchen, in den anderen die Bohnen geben und 10 Minuten bei geringer Temperatur zugedeckt garen.

Inzwischen für das Pistou Basilikum und Petersilie waschen und trocken schütteln, die Blätter abzupfen. Den Knoblauch schälen. Basilikum, Petersilie, Knoblauch, Pinienkerne und Öl in einem Mixbecher mit dem Pürierstab fein pürieren. Mit Zitronensaft, Salz und Pfeffer würzen.

Die beiden Suppen mit Salz und Pfeffer abschmecken, in Suppenschalen schöpfen und jede Portion mit einem Klecks Pistou garnieren.

Tomatensuppe
mit Fisch und Thai-Basilikum
mit Chili-Mandel-Krokant

Die Zwiebel und den Knoblauch schälen und fein hacken. Das Öl in einem kleinen Suppentopf erhitzen. Zwiebel, Knoblauch und Currypaste (Menge nach gewünschter Schärfe) darin bei geringer Temperatur 2 Minuten unter Rühren anschwitzen. Tomaten und Gemüsebrühe dazugeben, aufkochen und 10 Minuten bei mittlerer Temperatur zugedeckt köcheln lassen. Gelegentlich umrühren.

Den Fisch kalt abwaschen, trocken tupfen und in große Würfel schneiden. Das Thai-Basilikum waschen, trocken schütteln und die Blätter abzupfen.

Ein Stück Backpapier bereitlegen. Den Puderzucker in einem Pfännchen bei geringer Temperatur zu hellem Karamell schmelzen. Die Mandelstifte und die Chiliflocken dazugeben und goldbraun rösten. Auf das Backpapier geben, dünn verstreichen und erkalten lassen.

Die Tomatensuppe fein pürieren und mit Salz und Zucker abschmecken. Die Hälfte davon in einen zweiten Topf gießen und warm halten. Die Fischwürfel in den ersten Topf geben und in etwa 3 Minuten gar ziehen lassen. Das Thai-Basilikum untermischen.

Zum Servieren den Chili-Mandel-Krokant zerbröseln und über die Veggie-Portion streuen.

Gut zu wissen

Thai-Basilikum verleiht der Suppe ein leichtes Anis-Aroma, das sehr gut mit dem Fisch harmoniert. Sie bekommen es in Asienläden und zuweilen auch im gut sortierten Lebensmittelhandel. Sie können es in dieser Suppe (und im Curry von Seite 62) durch Koriandergrün ersetzen.

Zubereitung: 25 Minuten

Für 1+1
1 kleine Zwiebel
1 Knoblauchzehe
1 EL neutrales Pflanzenöl
1–2 TL rote Currypaste
(aus dem Asienladen)
1 Dose stückige Tomaten (400 ml)
200 ml Gemüsebrühe
Salz
Zucker

Beefie-Extra
125 g Fischfilet
(Kabeljau oder Seelachs)
1–2 Stängel Thai-Basilikum

Veggie-Extra
1 EL Puderzucker
1 EL Mandelstifte
1 Prise Chiliflocken

Thai-Kokossuppe
mit Hähnchenfleisch
mit Austernpilzen

Die Kokosmilch mit 200 ml Wasser und 2 EL Sojasauce in einen Topf geben. Das Zitronengras von den äußeren harten Blättern befreien, den Stängel weich klopfen und in Stücke schneiden. Den Galgant waschen, in dünne Scheiben schneiden und mit dem Zitronengras in den Topf geben. Alles aufkochen lassen.

Die Limettenblätter waschen und die Blattränder mehrfach einreißen.

Die Chilischoten waschen und etwas flach klopfen. Beides zur Suppe geben und diese etwa 5 Minuten bei mittlerer Temperatur kochen lassen.

Inzwischen das Hähnchenfleisch kalt abwaschen, abtrocknen und in feine Streifen schneiden. Die Austernpilze trocken abreiben und in Streifen schneiden. Die Kirschtomaten waschen und halbieren.

Die Hälfte der Suppe in einen zweiten Topf füllen, das Fleisch und die Hälfte der Kirschtomaten dazugeben und 2–3 Minuten darin garen. Die Austernpilze und übrigen Tomaten in den anderen Topf geben und ebenfalls 2–3 Minuten köcheln lassen. Beide Suppen mit Sojasauce und Limettensaft abschmecken und in große Schalen schöpfen. Nach Belieben mit Korianderblättchen garnieren.

Tipps
Alle exotischen Zutaten bekommen Sie im Asienladen. Zitronengras wird dort immer vorrätig sein, Kaffirlimettenblätter sind meist nur tiefgekühlt erhältlich, was ihrem frischen Zitrusaroma aber keinen Abbruch tut. Galgant ist eine asiatische Wurzel, die der Suppe mit Zitronengras und Chili die typische Thai-Würze verleiht. Wenn Sie ihn nicht bekommen, ersetzen Sie ihn durch frischen Ingwer.

Zitronengras, Galgant, Chilischoten und Kaffirlimettenblätter werden nicht mitgegessen, köcheln aber bis zum Schluss in den Suppen und können mitserviert werden.

Zubereitung: 30 Minuten

Für 1+1
1 Dose Kokosmilch (400 ml)
2–3 EL helle Sojasauce
1 Stängel Zitronengras
1 Stück frischer Galgant (etwa 3 cm)
2 Kaffirlimettenblätter
2–3 kleine rote Thai-Chilischoten
6 kleine Kirschtomaten
2 EL Limettensaft
Koriandergrün (nach Belieben)

Beefie-Extra
125 g Hähnchenbrustfilet

Veggie-Extra
100 g Austernpilzkappen

Vegan-Tipp

Für einen Veganer bereiten Sie das Curry mit neutralem Pflanzenöl statt Butterschmalz und mit Sojasahne statt Sahne aus Kuhmilch zu.

Blumenkohl-Erbsen-Curry
mit Fisch
mit Kartoffeln

Zubereitung: 35 Minuten

Für 1+1

150 g TK-Erbsen
1 kleiner Blumenkohl
1 Zwiebel
1 Knoblauchzehe
1 Stück frischer Ingwer (etwa 2 cm)
1 EL Butterschmalz
2 TL Currypulver
Salz
150 ml Sahne
frisch gemahlener Pfeffer

Beefie-Extra
150 g Fischfilet
(Seelachs oder Rotbarsch)

Veggie-Extra
150 g vorwiegend festkochende Kartoffeln

Die Erbsen auf einem Teller antauen lassen. Den Blumenkohl in kleine Röschen teilen, waschen und abtropfen lassen. Die Zwiebel, den Knoblauch und den Ingwer schälen und fein hacken.

Das Butterschmalz in einem Topf erhitzen. Zwiebel, Knoblauch und Ingwer darin 2–3 Minuten bei mittlerer Temperatur unter Rühren anschwitzen. Blumenkohl und Currypulver dazugeben und 1 Minute anbraten. Mit 100 ml Wasser ablöschen, salzen und zugedeckt 10 Minuten garen.

Die Kartoffeln schälen, etwa 2 cm groß würfeln, in einem Topf mit Salzwasser bedecken und in etwa 12 Minuten weich kochen. Das Fischfilet kalt abwaschen, trocken tupfen und in drei Stücke schneiden.

Die Erbsen und die Sahne zum Curry geben, dieses erneut aufkochen lassen und noch etwa 5 Minuten bei geringer Temperatur zugedeckt garen.

Das Kartoffelwasser abgießen. Etwa die Hälfte des Blumenkohl-Erbsen-Currys zu den Kartoffeln geben und zugedeckt bei niedriger Temperatur ziehen lassen. Den Fisch salzen, unter das restliche Curry mengen und in etwa 5 Minuten bei niedriger Temperatur gar ziehen lassen. Die Currys in zwei tiefen Tellern anrichten. Dazu schmeckt Reis oder indisches Fladenbrot.

Ananas-Curry
mit Schweinefleisch
mit Tofu und Kokoschips

Zubereitung: 25 Minuten

Für 1+1

2–4 EL helle Sojasauce
½ Ananas (etwa 400 g)
1 rote Paprikaschote
100 g Zuckerschoten
1 Bund Frühlingszwiebeln
1 Dose Kokosmilch (400 ml)
2–4 TL rote Thai-Currypaste
(Asienladen)
6 Kaffirlimettenblätter
1 TL Zucker
3–4 Stängel Thai-Basilikum
2–4 EL Limettensaft

Beefie-Extra

150 g Schweinenacken
(ohne Knochen)

Veggie-Extra

150 g Tofu
1 EL Kokoschips
(aus dem Bioladen)

Das Fleisch kalt abwaschen, trocken tupfen und in mundgerechte Stücke schneiden. Den Tofu trocken tupfen und 1 cm groß würfeln. Beides jeweils mit 1 EL Sojasauce beträufeln. Die Ananas schälen, längs vierteln, vom Strunk befreien und 1 cm groß würfeln. Die Paprika putzen, waschen und in feine Streifen schneiden. Die Zuckerschoten waschen, putzen und schräg halbieren. Die Frühlingszwiebeln putzen, waschen und, weiße und grüne Teile getrennt, fein schneiden.

Die Kokosmilchdose öffnen, aber vorher nicht schütteln. 2 EL von der Kokossahne, die sich auf der Milch abgesetzt hat, in den Wok oder eine Pfanne geben. Erneut 2 EL Kokossahne herausnehmen und beiseitestellen. Die übrige Kokosmilch und -sahne in der Dose verrühren.

Die Kokossahne im Wok aufkochen lassen, 1–2 TL Currypaste einrühren und 1 Minute bei mittlerer Temperatur anbraten. Das Fleisch dazugeben und 1 Minute mitbraten. Die Hälfte der Kokosmilch angießen. Die Kaffirlimettenblätter waschen, an den Rändern einreißen und drei hinzufügen. Alles 3–4 Minuten kochen lassen. Die Hälfte der weißen Frühlingszwiebeln, Paprikastreifen, Zuckerschoten, Ananas und ½ TL Zucker dazugeben; aufkochen und 2 Minuten garen.

Parallel in einer zweiten Pfanne die beiseitegestellte Kokossahne aufkochen lassen, 1–2 TL Currypaste einrühren und den Tofu darin anbraten. Wie beschrieben alle übrigen Zutaten (außer dem Frühlingszwiebelgrün) hinzufügen und garen.

Die Kokoschips in einem Pfännchen goldbraun rösten. Das Thai-Basilikum waschen, trocken schütteln und die Blätter abzupfen. Die Currys mit Sojasauce und Limettensaft abschmecken und je die Hälfte des Thai-Basilikums und des Frühlingszwiebelgrüns unterrühren. Die Kokoschips über das vegetarische Curry streuen. Basmati- oder thailändischen Duftreis dazu servieren.

Kichererbsentopf
mit Lammfleisch
mit Spinat

Zubereitung: 45 Minuten

Für 1+1

1 Dose Kichererbsen
(240 g Abtropfgewicht)
1 Zwiebel
1 Knoblauchzehe
2 Möhren
2 weiße Rübchen (Navets)
2 kleine Zucchini
2 EL neutrales Pflanzenöl
1 EL Tomatenmark
1¼ EL Ras-el-Hanout
½–1 TL Harissa
200 ml Gemüsebrühe (Instant)
Salz

Beefie-Extra
150 g Lammrückenfilet

Veggie-Extra
200 g Babyspinat

Die Kichererbsen in ein Sieb geben, kalt abbrausen und abtropfen lassen. Die Zwiebel und den Knoblauch schälen und fein hacken. Die Möhren schälen und in Scheiben schneiden. Die Rübchen schälen und in mundgerechte Stücke schneiden. Die Zucchini waschen, längs halbieren und in etwa ½ cm dicke Halbmonde schneiden.

1 EL Öl in einem Topf erhitzen, Zwiebel, Knoblauch und Tomatenmark darin 2 Minuten unter Rühren anbraten. Möhren, Rübchen, 1 EL Ras-el-Hanout und ½ TL Harissa dazugeben und 1 Minute mitbraten. Mit der Gemüsebrühe ablöschen, aufkochen und zugedeckt bei mittlerer Temperatur etwa 10 Minuten garen.

Inzwischen den Spinat waschen, verlesen und in einem Sieb abtropfen lassen. Das Lammfleisch kalt abwaschen und in etwa 2 cm große Würfel schneiden.

Die Zucchini und Kichererbsen in den Topf geben, salzen und 10 Minuten garen. Kurz vor Ende der Garzeit das übrige Öl in einer Pfanne erhitzen und das Fleisch darin bei mittlerer Temperatur etwa 2 Minuten anbraten, mit Salz und dem übrigen Ras-el-Hanout würzen. Die Hälfte des Kichererbsentopfs dazugeben und 3–4 Minuten zugedeckt bei geringer Temperatur schmoren lassen. Den Spinat zum übrigen Gemüse geben und unter Rühren zusammenfallen lassen. Beide Gerichte mit Salz und Harissa abschmecken und servieren. Dazu schmecken Couscous, Bulgur und Reis.

Tipp
Ras-el-Hanout ist eine nordafrikanische Würzmischung, die Sie ebenso wie die scharfe Würzpaste Harissa in Orientläden bekommen. Wenn beides nicht zur Hand ist, so braten Sie mit Zwiebel und Knoblauch eine fein geschnittene große rote Chilischote an und würzen mit gemahlenem Kreuzkümmel, Koriander und einer Prise Zimt.

Chili con carne
Chili sin carne

Für die Veggie-Variante die Gemüsebrühe aufkochen lassen. Die Soja-Schnetzel in eine Schüssel geben, mit der Brühe übergießen und 10 Minuten quellen lassen.

Inzwischen die Zwiebeln und den Knoblauch schälen und fein hacken. Die Möhren schälen und grob raspeln. Die Paprikaschoten putzen, waschen und klein würfeln. Die Soja-Schnetzel in ein feines Sieb abgießen und gut ausdrücken.

In zwei Töpfen je 1 EL Öl erhitzen und die Hälfte der Zwiebeln und des Knoblauchs darin anbraten. In einen der Töpfe das Hackfleisch und 1 TL Tomatenmark geben und 3 Minuten unter Rühren anbraten. In den anderen Topf die Soja-Schnetzel und 1 TL Tomatenmark geben und anbraten. Jeweils die Hälfte der Möhrenraspel, der Paprikaschoten und der Dosentomaten unterrühren. Je 125 ml Rotwein angießen und aufkochen lassen. Beides mit Salz und ½ TL Harissa kräftig würzen und zugedeckt 30 Minuten bei mittlerer Temperatur schmoren lassen, gelegentlich umrühren.

Die Kidneybohnen in ein Sieb geben, kalt abbrausen und abtropfen lassen. Dann auf die Töpfe verteilen und 15 Minuten mitschmoren lassen. Die Chilis vor dem Servieren mit Salz und Harissa abschmecken.

Tipp
Beide Chilis schmecken aufgewärmt mindestens genauso gut. Deshalb bietet es sich an, gleich mehr davon zuzubereiten und die übrigen Portionen einzufrieren.

Zubereitung: 45 Minuten
Garen: 45 Minuten

Für 1+1
2 Zwiebeln
2 Knoblauchzehen
2 Möhren
je 1 rote, gelbe und grüne Paprikaschote
2 EL neutrales Pflanzenöl
2 TL Tomatenmark
1 Dose stückige Tomaten (800 g)
250 ml trockener Rotwein (oder Brühe)
Salz
1–2 TL Harissa
1 Dose Kidneybohnen (850 ml)

Beefie-Extra
200 g Rinderhack

Veggie-Extra
150 ml Gemüsebrühe
75 g feine Soja-Schnetzel (Bioladen)

Florentiner Bohnentopf
mit Pancetta
mit frittierten Salbeiblättern

Einweichen: 12 Stunden
Vorgaren: 1 Stunde 30 Minuten
Zubereitung: 45 Minuten

Für 2+2
300 g getrocknete weiße Bohnen
1,2 l Gemüsebrühe
1 Zwiebel
2 Knoblauchzehen
1 Möhre
2 Stangen Sellerie
3 EL Olivenöl
2 EL Tomatenmark
Salz
frisch gemahlener Pfeffer
1 Lorbeerblatt
250 ml trockener Weißwein
2 Strauchtomaten

Beefie-Extra
50 g Pancetta
(in dünnen Scheiben)

Veggie-Extra
4 EL Olivenöl
10 Salbeiblätter

Die Bohnen in einer Schüssel mit reichlich kaltem Wasser bedecken und etwa 12 Stunden quellen lassen. Das Wasser abgießen, die Bohnen mit der Gemüsebrühe in einen Topf geben, aufkochen und bei geringer Temperatur in etwa 1½ Stunden weich kochen. In ein Sieb abgießen und abtropfen lassen.

Die Zwiebel und den Knoblauch schälen und fein hacken. Die Möhre schälen und millimeterfein würfeln. Den Sellerie waschen und ebenso fein würfeln.

In einem Schmortopf 3 EL Olivenöl erhitzen und Zwiebel, Knoblauch und Tomatenmark darin 2 Minuten anschwitzen. Möhre und Sellerie dazugeben und kurz anbraten. Die Bohnen unterrühren, salzen, pfeffern und das Lorbeerblatt hinzufügen. Den Weißwein angießen und die Bohnen zugedeckt bei mittlerer Temperatur 20 Minuten garen.

Inzwischen die Tomaten mit kochendem Wasser überbrühen, enthäuten und die Samen entfernen. Das Fruchtfleisch klein würfeln, zu den Bohnen geben und alles weitere 10 Minuten garen.

Die Pancettascheiben in eine kalte Pfanne geben, auf mittlerer Temperatur erwärmen und von beiden Seiten knusprig braten. In einer weiteren Pfanne für das Veggie-Extra 4 EL Olivenöl erhitzen und die Salbeiblätter darin etwa 30 Sekunden braten. Speck und Salbei auf Küchenpapier legen und abtropfen lassen.

Die Bohnen mit Salz und Pfeffer abschmecken und in vier Gläser oder tiefe Teller verteilen. Zwei Portionen mit Pancetta, die übrigen mit den Salbeiblättern garnieren und mit reichlich Weißbrot zum Auftunken servieren.

Tipp
Wer die zusätzlichen Kalorien nicht scheut, träufelt das durch den Salbei aromatisierte Öl mit über die Bohnen.

Vegan-Tipp

Veganer ersetzen das Butter-schmalz durch Pflanzenöl und garnieren ihre Portion nach Belieben mit Sojasahne anstelle von Crème fraîche.

Kartoffelgulasch
mit Putenfleisch
mit Pfifferlingen

Zubereitung: 30 Minuten

Für 1 + 1

1 Zwiebel
1–2 Knoblauchzehen
400 g festkochende Kartoffeln
2 EL Butterschmalz
edelsüßes Paprikapulver
2 EL Tomatenmark
250 ml Gemüsebrühe (Instant)
Salz
frisch gemahlener Pfeffer
½ TL getrockneter Majoran
½ Bund Petersilie
2 TL Crème fraîche (nach Belieben)

Beefie-Extra
150 g Putenschnitzel

Veggie-Extra
250 g Pfifferlinge

Die Zwiebel und den Knoblauch schälen und fein hacken. Die Kartoffeln schälen und in 2 cm große Würfel schneiden.

In einem Topf 1 EL Butterschmalz erhitzen. Die Zwiebel und den Knoblauch darin 2 Minuten bei mittlerer Temperatur anschwit-zen. 1 gestrichenen EL Paprikapulver und das Tomatenmark da-zugeben und unter Rühren kurz anbraten. Die Kartoffeln und die Gemüsebrühe hinzufügen und mit Salz, Pfeffer und Majoran würzen. Alles aufkochen und zugedeckt bei mittlerer Temperatur 10 Minuten schmoren lassen, dabei gelegentlich umrühren.

Inzwischen die Pfifferlinge putzen und trocken abreiben, große halbieren oder vierteln. Das Putenfleisch kalt abwaschen, trocken tupfen und 1 cm groß würfeln. Jeweils ½ EL Butterschmalz in zwei Pfannen erhitzen. In einer die Putenwürfel bei mittlerer Temperatur, in der anderen die Pfifferlinge bei hoher Temperatur 2–3 Minuten unter Rühren braten, salzen und pfeffern. Jeweils die Hälfte des Kartoffelgulaschs dazugeben. Zugedeckt 5 Minu-ten ziehen lassen.

Währenddessen die Petersilie waschen, trocken schütteln und die Blätter fein schneiden. Je die Hälfte davon unter das Kartoffel-Puten- bzw. Kartoffel-Pfifferling-Gulasch rühren. Die Gerichte auf zwei tiefe Teller geben und mit herzhaftem Bauernbrot ser-vieren. Wer mag, garniert jede Portion mit einem kleinen Klecks Crème fraîche und einer Prise Paprikapulver.

Tipp
Pilze möglichst nicht waschen, sondern nur trocken abreiben. Bei sehr schmutzigen Pfifferlingen geben Sie 1 EL Mehl in kaltes Wasser und waschen die Pilze darin kurz. Anschließend auf Küchenpapier gut abtropfen lassen. Das Mehl verhindert, dass die Pilze sich sofort mit Wasser vollsaugen.

Auf den folgenden Seiten erwarten Sie neben einigen klassischen Rezepten jede Menge spannende neue Kreationen. Manche davon sind für zwei Beefies und zwei Veggies ausgelegt – perfekt für Gäste oder als kleine kulinarische Reserve, die Ihre Gaumen noch ein zweites Mal erfreuen wird.

Aus Topf und Pfanne

Kalbsschnitzel
Sellerieschnitzel

in der Parmesanhülle
mit Kartoffel-Rucola-Salat

Zubereitung: 45 Minuten

Für 1+1

400 g festkochende Kartoffeln
Salz
2 EL Weißweinessig
2 EL neutrales Pflanzenöl
4 EL Gemüsebrühe (Instant)
frisch gemahlener Pfeffer
3 EL Mehl
3 EL Semmelbrösel
3 EL frisch geriebener Parmesan
1 Ei
1 EL Milch
Butterschmalz zum Ausbacken
1 Bund Rucola

Beefie-Extra

1 dünnes Kalbsschnitzel
(etwa 150 g)

Veggie-Extra

1 Scheibe Sellerie (aus der Knolle
geschnitten; 1 cm dick)

Die Kartoffeln waschen, in einem Topf mit Wasser bedecken und in etwa 25 Minuten weich kochen. Abgießen, lauwarm abkühlen lassen, pellen, in Scheiben schneiden, in eine Schüssel geben und salzen. Essig, Öl und Gemüsebrühe verrühren, nach Belieben pfeffern und über die Kartoffeln gießen.

Die Selleriescheibe halbieren, 4–5 Minuten in kochendem Salzwasser garen, herausheben und abtropfen lassen (siehe Tipp). Das Mehl auf einen Teller geben, die Semmelbrösel mit dem Parmesan auf einem zweiten Teller mischen. Das Ei in einem tiefen Teller mit der Milch verquirlen. Die beiden halben Selleriescheiben im Mehl wenden und den Überschuss abklopfen. Dann durch das Ei ziehen und schließlich in der Parmesanmischung wenden.

Das Kalbsschnitzel zwischen zwei Lagen Klarsichtfolie flach klopfen, salzen und pfeffern und ebenso wie den Sellerie panieren. Die Panade sanft andrücken.

In einer Pfanne 1 cm hoch Butterschmalz erhitzen. Die Schnitzel darin von jeder Seite 2–3 Minuten schwimmend goldbraun ausbacken (zuerst das Sellerieschnitzel). Herausheben, auf Küchenpapier legen und kurz abtropfen lassen.

Inzwischen den Rucola waschen und trocken schütteln, grobe Stiele entfernen und die Blätter kleiner zupfen. Unter den Kartoffelsalat mengen und diesen mit Salz und Essig abschmecken. Mit den jeweiligen Schnitzeln servieren.

Tipps
Wenn Sie aus dem Rest der Sellerieknolle den Salat von Seite 19 zubereiten, garen Sie einfach eine etwas größere ganze Knolle und verwenden eine Scheibe davon. Diese müssen Sie dann nicht noch extra in Salzwasser kochen.

Scharfe
Schweineschnitzel
Tofuschnitzel
in Erdnusspanade mit Gurkensalat

Die Gurke schälen und in dünne Scheiben hobeln. Die Scheiben in eine Schüssel geben, großzügig salzen und Wasser ziehen lassen.

Inzwischen das Mehl auf einen Teller geben. Die Erdnüsse im Mörser mittelfein zerstoßen und auf einem zweiten Teller mit den Semmelbröseln und den Chiliflocken mischen. Das Ei in einem tiefen Teller mit 1 TL Wasser verquirlen.

Den Tofu in eine ½ cm dicke Scheibe schneiden. Die Tofuscheibe salzen, im Mehl wenden und den Überschuss abklopfen. Dann durch das verquirlte Ei ziehen und schließlich in der Chili-Erdnuss-Mischung wenden. Die Panade sanft andrücken. Das Schweineschnitzel kalt abwaschen, trocken tupfen, salzen und ebenso panieren.

In einer Pfanne ½ cm hoch Öl erhitzen. Das Tofu- und das Schweineschnitzel darin von jeder Seite in 2–3 Minuten goldbraun braten. Herausheben und auf Küchenpapier abtropfen lassen.

Die Gurken mit den Händen ausdrücken und das Gurkenwasser weggießen. Die Gurken zurück in die Schüssel geben. Den Gurkensalat mit Essig, Öl und nach Belieben Pfeffer anmachen. Zu den scharfen Erdnussschnitzeln servieren.

Tipp
Wenn der Vegetarier befürchtet, dass Fleischsäfte auf das Tofuschnitzel übergehen könnten, braten Sie die Schnitzel in zwei kleinen Pfannen. Das Öl müssen Sie im Übrigen nicht wegwerfen: Sie können es abgekühlt durch ein feines Sieb in ein Schraubglas gießen und im Kühlschrank zur Wiederverwendung aufbewahren.

Zubereitung: 25 Minuten

Für 1+1
1 Salatgurke
Salz
3 EL Mehl
50 g geröstete, gesalzene Erdnüsse
1 EL Semmelbrösel
½ TL Chiliflocken
1 Ei
neutrales Pflanzenöl zum Ausbacken
2 EL Weißweinessig
2 EL neutrales Pflanzenöl
frisch gemahlener Pfeffer (nach Belieben)

Beefie-Extra
1 Schweineschnitzel (etwa 150 g)

Veggie-Extra
120 g Tofu

Putenschnitzel
Seitanschnitzel
mit Balsamicosauce
und geschmolzenen Tomaten

Die Tomaten waschen. Die Orange heiß abwaschen, abtrocknen und von einer Hälfte die Schale in feinen Spänen mit einem Zestenreißer abziehen. Anschließend den Saft aus der ganzen Orange auspressen. Den Thymian waschen und trocken schütteln, die Blättchen abstreifen und fein hacken.

In einer großen Pfanne 4 EL Olivenöl erhitzen. Die Tomaten hineingeben, Orangenschale und Thymian darüber verteilen, salzen und den Zucker darüberstreuen. Die Tomaten 2 Minuten anbraten, mit 2 EL Orangensaft ablöschen und 15 Minuten bei geringer Temperatur zugedeckt ziehen lassen. Die Pfanne gelegentlich rütteln.

Inzwischen den Seitan in etwa ½ cm dicke Scheiben schneiden, die Oberfläche etwas anrauen (siehe Tipp), salzen und pfeffern. Die Putenschnitzel kalt abwaschen und trocken tupfen, salzen und pfeffern. In zwei Pfannen je 2 EL Olivenöl erhitzen. Pute bzw. Seitan darin von jeder Seite 2 Minuten braten. Herausnehmen und warm stellen.

Den Bratensatz jeweils mit 4 EL Orangensaft und 4 EL Balsamicoessig ablöschen und je 1 EL Honig unterrühren. Bei niedriger Temperatur 1 Minute köcheln lassen, dann mit Salz und Pfeffer abschmecken. Die Puten- bzw. Seitanschnitzel wieder einlegen und 2 Minuten in der Sauce ziehen lassen. Die Schnitzel auf vorgewärmten Tellern anrichten und mit der Balsamicosauce überziehen. Die geschmolzenen Tomaten dazu servieren. Als weitere Beilage schmecken knusprige Kartoffelecken vom Blech.

Tipp
Seitan schmeckt, wie ich finde, besser, wenn man die Oberfläche vor dem Braten anraut. Dazu bearbeite ich die Stücke ein wenig mit der feinen Seite der Universalreibe.

Zubereitung: 35 Minuten

Für 2+2
250 g Kirschtomaten
1 unbehandelte Orange
½ Bund Thymian
8 EL Olivenöl
Salz
1 TL Zucker
frisch gemahlener Pfeffer
8 EL Aceto balsamico
(siehe Tipp Seite 112)
2 EL Honig

Beefie-Extra
2 Putenschnitzel (je etwa 150 g)

Veggie-Extra
200 g Seitan

Vegan-Tipp

Ersetzen Sie einfach den Mascarpone durch 2–3 EL Sojasahne (damit keine unnötigen Reste entstehen, können Sie die natürlich auch für das Beefie-Gericht verwenden).

Kalbsschnitzel
Kräuterseitlinge
mit Zitronen-Thymian-Sauce

Zubereitung: 25 Minuten

Für 1+1
1 unbehandelte Zitrone
½ Bund Thymian
2 Knoblauchzehen
3 EL Olivenöl
Salz
frisch gemahlener Pfeffer
2 EL Mascarpone
Zucker

Beefie-Extra
1 Kalbsschnitzel (etwa 150g)

Veggie-Extra
150g Kräuterseitlinge

Die Zitrone heiß abwaschen, abtrocknen und die Schale mit einem Zestenreißer in feinen Spänen abziehen (oder fein abreiben). Anschließend den Saft auspressen (ergibt 4 EL). Den Thymian waschen, trocken schütteln, die Blättchen abstreifen und fein hacken. Die Knoblauchzehen ungeschält zerdrücken. Die Kräuterseitlinge trocken abreiben und in ½ cm dicke Längsscheiben schneiden.

In einer kleinen Pfanne 1 EL Olivenöl erhitzen. Das Kalbsschnitzel trocken tupfen, salzen und pfeffern und im Öl von jeder Seite 2 Minuten bei mittlerer Temperatur braten. Eine Knoblauchzehe zum Aromatisieren dazugeben und mitbraten. Das Schnitzel herausnehmen. 1 EL Mascarpone, 2 EL Zitronensaft und die Hälfte der Zitronenzesten sowie des gehackten Thymians in die Pfanne geben und aufkochen lassen. Mit Salz, Pfeffer und einer Prise Zucker abschmecken. Das Kalbsschnitzel wieder in die Pfanne geben und bei niedriger Temperatur zugedeckt in der Sauce ziehen lassen.

Parallel in einer großen Pfanne das übrige Olivenöl erhitzen. Die Pilze darin von beiden Seiten goldbraun braten und herausnehmen. Wie oben beschrieben aus den übrigen Zutaten die Sauce zubereiten und die Pilze wieder hineingeben.

Die Knoblauchzehen entfernen. Kalbschnitzel bzw. Kräuterseitlinge samt Sauce auf vorgewärmten Tellern anrichten. Dazu schmecken kleine Pellkartoffeln oder Kartoffelgnocchi.

Rinderfiletsteak
Seitansteak
mit Espresso-Whiskey-Sauce

Zubereitung: 25 Minuten
Marinieren: 1 Stunde

Für 1 + 1
Kaffeepulver für 2 Espresso
4 EL Whiskey
½ TL chinesisches
Fünf-Gewürze-Pulver
Salz
2 EL neutrales Pflanzenöl
1 Zucchini
1 Möhre
160 g Tagliatelle
2 EL Crème double
frisch gemahlener Pfeffer

Beefie-Extra
1 Rinderfiletsteak (etwa 150 g)

Veggie-Extra
100 g Seitan (siehe Tipp)

Zwei starke Espresso mit je 50 ml Wasser zubereiten und jeweils in einer flachen Schale mit 2 EL Whiskey und ¼ TL Fünf-Gewürze-Pulver mischen. Das Fleisch trocken tupfen und in der Marinade wenden. Aus dem Seitan eine knapp 1 cm dicke Scheibe schneiden, die Oberfläche anrauen (siehe Tipp Seite 79) und in der anderen Marinade wenden. Beides 1 Stunde bei Raumtemperatur durchziehen lassen, dabei ein- bis zweimal wenden.

Den Backofen samt einem Teller auf 80 °C (Ober- und Unterhitze) vorheizen. Filetsteak und Seitan aus den Marinaden nehmen und trocken tupfen, das Fleisch leicht salzen. In zwei kleinen Pfannen je 1 EL Öl erhitzen. Filet- und Seitansteak darin von jeder Seite 2 Minuten bei mittlerer Temperatur braten. Auf den Teller im Ofen legen und 15 Minuten ziehen lassen. Die Pfannen nicht auswaschen.

Inzwischen in einem Topf 2 l Wasser zum Kochen bringen. Die Zucchini waschen und die Möhre schälen. Beides bis fast zur Mitte ein- bis zweimal längs einschneiden und mit dem Sparschäler bis fast zur Mitte schmale Streifen abschälen. Dann Möhre und Zucchini drehen, sodass die runde Seite nach oben zeigt, und wie beschrieben erneut einschneiden und Streifen abschälen. Die Tagliatelle mit 2 TL Salz ins Kochwasser geben und nach Packungsanweisung etwa 6 Minuten kochen. Nach 4 Minuten die Gemüsestreifen hinzufügen und mitgaren.

Beide Pfannen wieder erhitzen und den Bratensatz mit der jeweiligen Marinade ablöschen. Je 1 EL Crème double einrühren und die Saucen cremig einkochen lassen.Mit Salz und Pfeffer abschmecken.

Die Nudeln zusammen mit dem Gemüse in ein Sieb abgießen und dann auf zwei Teller verteilen. Fleisch bzw. Seitan danebensetzen und mit der jeweiligen Sauce überziehen.

Tipp
Die Seitanabschnitte, die entstehen, wenn man aus einem Stück ein schönes Steak schneidet, können Sie für die Gnocchi mit Seitan-Tomaten-Ragout von Seite 145 verwenden.

Vegan-Tipp

Veganer braten die Pilze in 1–2 EL Öl. Und wer auf den Wein verzichten möchte, ersetzt ihn durch Gemüsebrühe und schmeckt die Saucen zum Schluss mit ein wenig Zitronensaft ab.

Putengeschnetzeltes Austernpilze
mit Estragon-Senf-Sauce

Zubereitung: 30 Minuten

Für 1+1
2 Schalotten
1 EL Butterschmalz
Salz
frisch gemahlener Pfeffer
100 ml Weißwein
2 EL mittelscharfer Senf
4 Stängel Estragon

Beefie-Extra
150 g Putenbrust
75 g Créme fraîche

Veggie-Extra
200 g Austernpilze
1 TL Cashewmus
(aus dem Glas; Bioladen)

Das Putenfleisch kalt abwaschen, mit Küchenpapier abtrocknen und in mundgerechte Streifen schneiden. Die Austernpilze trocken abreiben. Die Stiele in Scheiben schneiden, die Kappen je nach Größe halbieren oder in Streifen schneiden. Die Schalotten schälen und fein hacken.

In zwei Pfannen parallel jeweils ½ EL Butterschmalz erhitzen. Das Fleisch und eine Schalotte in einer, die Austernpilze mit der anderen Schalotte in der anderen Pfanne 3–4 Minuten bei mittlerer Temperatur anbraten, salzen und pfeffern.

Fleisch und Austernpilze mit je 50 ml Wein ablösen. Die Crème fraîche und 1 EL Senf unter das Fleisch, das Cashewmus, 1 EL Senf und 2 EL Wasser unter die Pilze rühren und cremig einkochen lassen.

Den Estragon waschen, trocken schütteln, die Blätter abzupfen und grob hacken. Kurz vor dem Servieren je die Hälfte davon unter die Gerichte mischen. Dazu schmecken Reis oder Spätzle.

Marinierte
Nackensteaks
Halloumischeiben
mit Grillgemüse

Den Rosmarin waschen und trocken schütteln, die Blätter fein hacken. Den Knoblauch schälen und durchpressen. Beides mit 8 EL Öl und dem Oregano verrühren. Die Zitronen heiß abwaschen, abtrocknen und in dünne Scheiben schneiden. Den Halloumi in ½ cm dicke Scheiben schneiden, pfeffern und mit dem Würzöl bestreichen. Im Wechsel mit Zitronenscheiben in eine Schale schichten. Die Nackensteaks kalt abwaschen, trocken tupfen, pfeffern, mit Würzöl bestreichen und mit den übrigen Zitronenscheiben in eine andere Schale schichten. Alles 2 Stunden im Kühlschrank ziehen lassen.

Die Aubergine waschen, längs vierteln und in 1 cm dicke Scheiben schneiden. Mit Salz bestreuen und 10 Minuten Wasser ziehen lassen. Die Zucchini waschen und in Scheiben schneiden. Die Paprikaschoten putzen, waschen und in Stücke schneiden. Die Zwiebel schälen, längs halbieren und in Spalten schneiden.

Den Backofen auf 180 °C vorheizen. Die Auberginen kalt abbrausen, gut ausdrücken und trocken tupfen. Sämtliches Gemüse in einer Schüssel mit dem übrigen Öl mischen. Auf dem Backblech verteilen und 30 Minuten im Ofen backen.

Zum Ende der Gemüsegarzeit die Zitronenscheiben entfernen, Steaks und Halloumi etwas abtupfen. Eine Grillpfanne erhitzen. Die Steaks und Halloumischeiben darin von jeder Seite 3–4 Minuten bei mittlerer Temperatur braten, dabei vor dem Wenden mit Marinade bestreichen. Beides salzen und mit dem Gemüse und knusprigem Weißbrot servieren.

Tipp
Im Sommer können Sie alles draußen auf dem Grill zubereiten. Das Gemüse garen Sie am besten 10–12 Minuten unter gelegentlichem Wenden in Grillschalen aus Alu, die Sie am Rand des Grills platzieren.

Zubereitung: 1 Stunde
Marinieren: 2 Stunden

Für 2 + 2
3 Zweige Rosmarin
2 Knoblauchzehen
10 EL Olivenöl
1 TL getrockneter Oregano
2 unbehandelte Zitronen
frisch gemahlener Pfeffer
1 kleine Aubergine
Salz
2 Zucchini
je 2 rote und gelbe Paprikaschoten
1 rote Zwiebel

Beefie-Extra
2 Schweinenackensteaks
(je etwa 120 g)

Veggie-Extra
250 g Halloumi

Putenröllchen
Auberginenröllchen
mit Walnussfüllung

Zubereitung: 45 Minuten

Für 2+2

Salz

120 g Walnusskerne

je ½ Bund Petersilie und Koriandergrün

2 Knoblauchzehen

1 TL Bockshornklee

¼ TL Koriander

¼ TL Chiliflocken

2 Schalotten

150 ml trockener Weißwein

200 ml Sahne

2 EL gehackte Petersilie (nach Belieben)

2 EL Granatapfelkerne (nach Belieben)

Beefie-Extra

4 kleine Putenschnitzel (je etwa 80 g)

2 EL neutrales Pflanzenöl

Veggie-Extra

1 längliche Aubergine (etwa 300 g)

3 EL Olivenöl

Die Aubergine waschen und längs aus der Mitte sechs ½ cm dicke Scheiben schneiden. Mit Salz bestreuen und Wasser ziehen lassen. Die Walnüsse grob zerkleinern. Petersilie und Koriandergrün waschen und trocken schütteln, die Blätter grob hacken. Den Knoblauch schälen und fein hacken. Alles mit den Bockshornklee- und Koriandersamen sowie Chiliflocken in einem Mörser zerstoßen (oder im Mixbecher nicht zu fein hacken). Mit Salz abschmecken.

Die Schnitzel zwischen zwei Lagen Klarsichtfolie flach klopfen und leicht salzen. Mit der Hälfte der Walnussmasse bestreichen, dabei einen kleinen Rand frei lassen, damit die Füllung nicht herausquillt. Die Schnitzel aufrollen und mit Holzzahnstochern zusammenstecken.

Die Schalotten schälen und fein hacken. In einer Pfanne 2 EL neutrales Öl erhitzen. Die Putenröllchen darin rundherum anbraten. Herausnehmen. Die Hälfte der Schalotten im Bratfett anbraten, mit je der Hälfte von Wein und Sahne ablöschen und aufkochen lassen. Die Röllchen einlegen und bei mittlerer Temperatur zugedeckt 10 Minuten schmoren lassen.

Inzwischen die Aubergine ausdrücken, trocken tupfen und in einer Pfanne in 3 EL Olivenöl von jeder Seite 2 Minuten braten, herausnehmen. Aus dem Rest Schalotten, Wein und Sahne eine Sauce kochen. Die Auberginenscheiben mit Walnusspaste bestreichen, aufrollen, zusammenstecken und zugedeckt 2 Minuten in der Sauce ziehen lassen.

Auberginen- und Putenröllchen mit der Sauce auf vorgewärmten Tellern anrichten und nach Belieben mit gehackter Petersilie und Granatapfelkernen bestreuen. Dazu schmeckt Bulgur oder Reis.

Wirsingröllchen
mit Hackfleischfüllung
mit Kartoffel-Pilz-Füllung

Zubereitung: 1 Stunde

Für 2+2
8 große Wirsingblätter
Salz
1 Zwiebel
2 Knoblauchzehen
1 Bund Petersilie
1 TL Butter
2½ EL Butterschmalz
150 g Crème fraîche
frisch gemahlener Pfeffer
200 ml Gemüsebrühe (Instant)

Beefie-Extra
250 g Schweinehackfleisch

Veggie-Extra
150 g Shiitakepilze
200 g Kartoffeln

Den Wirsing 2–3 Minuten in kochendem Salzwasser blanchieren. Herausheben und sofort in Eiswasser geben, damit er seine schöne Farbe behält. Auf einem Küchentuch abtropfen lassen.

Die Zwiebel und den Knoblauch schälen und fein hacken. Die Petersilie waschen, trocken schütteln und die Blätter fein schneiden. Zwiebel und Knoblauch 1 Minute in der Butter anschwitzen, dann die Petersilie unterrühren. Abkühlen lassen.

Die Shiitakepilze von den harten Stielen befreien und die Kappen klein schneiden. Die Kartoffeln schälen und fein würfeln. Beides in einer Pfanne in ½ EL Butterschmalz 3 Minuten unter Rühren anbraten. 1 EL Crème fraîche hinzufügen, salzen und pfeffern. Abkühlen lassen.

Das Hackfleisch salzen und pfeffern. Die Hälfte der Zwiebelmischung unterkneten, den Rest unter die Pilzfüllung mengen.

Die Rippen der Wirsingblätter flach schneiden. Je vier Blätter mit Hackfleisch bzw. Pilzmischung füllen, die Seiten einschlagen, die Blätter aufrollen und mit Küchengarn binden. Das übrige Butterschmalz in zwei Pfannen erhitzen. Die Röllchen darin rundherum anbraten. Mit je der Hälfte der Gemüsebrühe ablöschen und 10 Minuten bei mittlerer Temperatur zugedeckt garen. Die Röllchen herausheben. Je die Hälfte der übrigen Crème fraîche unter die Saucen rühren und cremig einkochen lassen. Die Röllchen in die Saucen geben und noch kurz darin ziehen lassen. Dazu schmeckt Kartoffelpüree.

Gut zu wissen
Die Wirsingröllchen schmecken köstlich, verbreiten aber beim Anbraten einen recht intensiven Kohlgeruch. Ehe Ihre Gäste kommen, sollten Sie unbedingt gründlich lüften!

Frikadellen
Hirsepflänzchen
mit Zuckerschoten-Möhren-Gemüse

Zubereitung: 1 Stunde

Für 2+2

1 Bund Suppengrün
1 Zwiebel
1 Knoblauchzehe
5 EL neutrales Pflanzenöl
200 g Zuckerschoten
5 Bundmöhren
2–3 Frühlingszwiebeln
1 Handvoll Kerbel
Salz
frisch gemahlener Pfeffer
2 EL Butter

Beefie-Extra

250 g gemischtes Hackfleisch
1 TL mittelscharfer Senf
1 EL Semmelbrösel

Veggie-Extra

100 g Hirse
250 ml Gemüsebrühe (Instant)
1 Ei
2 EL geraspelter Gouda
1–2 EL Semmelbrösel

Das Suppengrün bis auf die Petersilie putzen, waschen und sehr fein würfeln. Zwiebel und Knoblauch schälen und fein hacken. In einem Topf 1 EL Öl erhitzen. Zwiebel, Knoblauch und Suppengemüse darin 2 Minuten anschwitzen. Die Hälfte davon beiseitestellen. Die Hirse in den Topf geben und 2 Minuten anbraten. Dann mit der Brühe ablöschen und zugedeckt bei geringer Temperatur 20 Minuten köcheln lassen; vom Herd nehmen und 10 Minuten zugedeckt quellen, dann abkühlen lassen.

Inzwischen die Zuckerschoten waschen und putzen. 3–4 Minuten in kochendem Salzwasser blanchieren, abgießen und sofort in Eiswasser legen. Die Möhren schälen und schräg in Scheiben schneiden. Die Frühlingszwiebeln putzen, waschen und bis zum hellgrünen Teil schräg in 2 cm breite Stücke schneiden. Den Kerbel waschen und die Blätter von den Stielen zupfen.

Die Petersilie waschen und die Blätter fein hacken. Das Hackfleisch mit der beiseitegestellten Zwiebelmischung, dem Senf, den Semmelbröseln und der Hälfte der Petersilie verkneten. Mit Salz und Pfeffer würzig abschmecken und zu sechs Frikadellen formen.

Die übrige Petersilie mit Ei, Käse und so vielen Semmelbröseln unter die Hirse mischen, dass sich daraus Pflänzchen formen lassen. Mit Salz und Pfeffer würzen. 4 EL Öl in einer großen Pfanne oder je 2 EL Öl in zwei kleinen Pfannen erhitzen. Die Frikadellen und Hirsepflänzchen darin von beiden Seiten 3–4 Minuten bei mittlerer Temperatur braten.

Gleichzeitig die Butter in einer anderen Pfanne zerlassen. Möhren und Frühlingszwiebeln darin 2 Minuten anbraten. Die Zuckerschoten und 4 EL Wasser dazugeben und 3 Minuten zugedeckt garen. Salzen, pfeffern und den Kerbel untermischen. Zu den Frikadellen und Hirsepflänzchen servieren.

Hackbällchen
Grünkernbällchen
mit Tomaten-Orangen-Sauce

Für die Grünkernbällchen 1 TL Butter in einem Topf zerlassen, den Grünkern darin 1 Minute anbraten. Mit der Milch und Brühe ablöschen, aufkochen und 18–20 Minuten bei geringer Temperatur zugedeckt quellen lassen.

Inzwischen die Zwiebel und den Knoblauch schälen und fein hacken. Die Petersilie waschen, trocken schütteln und die Hälfte der Blätter fein hacken. Zwiebel und Knoblauch in einem Pfännchen in der Butter anschwitzen, die gehackte Petersilie unterrühren und abkühlen lassen.

Die Grünkernmasse noch einmal aufkochen lassen, den Käse und die Hälfte der Zwiebelmischung unterrühren, mit Salz und Pfeffer abschmecken und vollständig abkühlen lassen. Das Rinderhack mit der übrigen Zwiebelmischung, Salz, Pfeffer und Paprikapulver würzen. Alles gut verkneten und aus der Masse tischtennisballgroße Kugeln formen.

Den Backofen auf 200 °C vorheizen, ein Blech mit Backpapier belegen und dieses mit 1 EL Olivenöl einpinseln. Die Hackbällchen mit etwas Abstand auf das Blech geben. Aus der Grünkernmasse mit feuchten Händen ebenso Bällchen formen und auf das Blech legen. Im heißen Ofen 10–12 Minuten garen.

Inzwischen die Orange heiß abwaschen und die Schale mit einem Zestenreißer abziehen oder mit einem Sparschäler abschälen und in feine Streifen schneiden. Anschließend den Saft auspressen (ergibt etwa 100 ml).

Das übrige Öl in einem Topf erhitzen. Tomaten und Orangensaft darin etwa 10 Minuten bei mittlerer Temperatur einkochen lassen, regelmäßig umrühren; salzen und pfeffern. Die Hackbällchen und die Grünkernbällchen in zwei Servierschalen geben und die Sauce darüber verteilen. Die restliche Petersilie, Mandeln und Orangenzesten grob hacken und darüberstreuen.

Zubereitung: 45 Minuten

Für 2+2
1 Zwiebel
1–2 Knoblauchzehen
1 Bund Petersilie
1 EL Butter
Salz
frisch gemahlener Pfeffer
3 EL Olivenöl
1 unbehandelte Orange
1 große Dose stückige Tomaten (850 ml)
2 EL Mandelstifte

Beefie-Extra
300 g Rinderhack
rosenscharfes Paprikapulver

Veggie-Extra
1 TL Butter
125 g Grünkernschrot
125 ml Milch
125 ml Gemüsebrühe
50 g geriebener Bergkäse

Spinatspätzle
mit Hähnchen-Champignon-Ragout
mit Pilzragout

Zubereitung: 50 Minuten

Für 2+2

120 g Babyspinat
Salz
500 g braune Champignons
2 Schalotten
1 Knoblauchzehe
250 g Mehl
4 Eier
Muskatnuss, frisch gerieben
etwa 75 ml Mineralwasser
2 EL Butterschmalz
frisch gemahlener Pfeffer
1 TL getrockneter Thymian

Beefie-Extra
300 g Hähnchenbrustfilet

Veggie-Extra
400 g Kräuterseitlinge, Pfifferlinge oder Austernpilze

Den Spinat waschen, mit einer Prise Salz in einen Topf geben und zugedeckt zusammenfallen lassen. In ein Sieb abgießen und abkühlen lassen. Dann ausdrücken, klein schneiden und pürieren. Die Champignons putzen und klein schneiden. Die Schalotten und den Knoblauch schälen und fein hacken. Die Pilze für die Veggie-Portionen putzen und in mundgerechte Stücke schneiden. Das Fleisch kalt abwaschen, trocken tupfen und in Streifen schneiden.

Das Mehl mit den Eiern, ½ TL Salz und ¼ TL Muskatnuss gut verrühren. Das Spinatpüree und das Mineralwasser untermengen und den Teig 3–4 Minuten kräftig mit einem Holzkochlöffel schlagen, bis er Blasen wirft.

Eine Schüssel mit kaltem Wasser füllen. In einem Topf Wasser aufkochen lassen und salzen. Den Spätzlehobel über den Topf legen, den Teig portionsweise einfüllen und mit dem Schiffchen ins Wasser schaben. Sobald die Spätzle aufschwimmen, mit einem Schaumlöffel herausheben und ins kalte Wasser geben. Wenn alle Spätzle fertig sind, diese in ein Sieb abgießen und abtropfen lassen.

In einer Pfanne 1 EL Butterschmalz erhitzen. Das Fleisch und je die Hälfte der Schalotten und des Knoblauchs darin 2 Minuten anbraten. Die Hälfte der Champignons dazugeben und 4–5 Minuten braten, salzen, pfeffern und mit ½ TL Thymian würzen.

Gleichzeitig in einer zweiten Pfanne alle übrigen Pilze mit dem Rest Schalotten und Knoblauch in 1 EL Butterschmalz 4–5 Minuten unter Wenden braten; mit Salz, Pfeffer und Thymian würzen. Die abgetropften Spätzle auf beide Pfannen aufteilen und in etwa 2 Minuten wieder erwärmen.

Kartoffelstampf
mit Kalbsleber
mit Apfelspalten und Röstzwiebeln

Zubereitung: 40 Minuten

Für 1 + 1

400 g mehligkochende Kartoffeln
Salz
2 Zwiebeln
4 Blätter frischer Salbei
75 ml Milch
1 EL Butter
Muskatnuss, frisch gerieben
2 EL Butterschmalz

Beefie-Extra
1 Scheibe Kalbsleber (etwa 120 g)

Veggie-Extra
1 säuerlicher Apfel

Die Kartoffeln schälen, würfeln, in einem Topf mit Wasser bedecken, kräftig salzen und in etwa 15 Minuten weich kochen.

Inzwischen die Zwiebeln schälen und in feine Ringe schneiden. Die Leber kalt abwaschen und trocken tupfen. Den Apfel nach Belieben waschen oder schälen, vom Kerngehäuse befreien und in Spalten schneiden. Den Salbei waschen und die Blätter in feine Streifen schneiden.

Die Milch erhitzen. Das Kartoffelwasser abgießen und die Kartoffeln mit einem Kartoffelstampfer grob zerdrücken. Die Butter und so viel heiße Milch unterrühren, dass ein lockerer, stückiger Kartoffelstampf entsteht. Mit Salz und Muskatnuss abschmecken und zugedeckt warm halten.

In einer Pfanne 1 EL Butterschmalz erhitzen, Zwiebeln und Salbei darin goldbraun braten und salzen. In zwei kleineren Pfannen die Leber bzw. die Apfelspalten von beiden Seiten in je ½ EL Butterschmalz braten. Die Leber anschließend salzen.

Den Kartoffelstampf auf zwei Teller verteilen. Auf einem die Leber und ein Drittel der Salbei-Röstzwiebeln, auf dem anderen die Apfelspalten und die übrigen Zwiebeln anrichten.

Tipps

Wenn der Vegetarier nichts dagegen hat, so können Sie die Leber und die Apfelspalten auch nebeneinander in einer Pfanne braten.

Falls der Beefie bei den Apfelspalten sehnsüchtige Augen bekommt, so braten Sie ein paar mehr und geben ihm etwas davon ab. Das fruchtige Apfelaroma passt nämlich auch wunderbar zur Leber. Und wer hier bei der Veggie-Portion gerne noch mehr Eiweiß hätte, brät sich eine Schnitte Räuchertofu dazu.

Peperonata
mit Lammkoteletts
mit Kurkumakartoffeln

Die Paprikaschoten putzen, waschen und in mundgerechte Stücke schneiden. Die Zwiebel schälen, längs halbieren und in Spalten schneiden. Den Knoblauch schälen und fein hacken. Den Rosmarinzweig waschen.

Die Kartoffeln schälen und etwa 2 cm groß würfeln. In einem Topf mit Wasser bedecken, Salz und Kurkuma dazugeben und 10–12 Minuten kochen lassen.

In einer großen Pfanne 2 EL Olivenöl erhitzen. Zwiebel, Knoblauch und Tomatenmark darin etwa 1 Minute anbraten. Die Paprikastücke und den Rosmarinzweig hinzufügen und 2 Minuten unter Rühren mitbraten. 100 ml Wasser dazugeben, salzen und pfeffern und alles 5 Minuten zugedeckt schmoren lassen.

Die Lammkoteletts kalt abwaschen und trocken tupfen. In einer kleinen Pfanne 1 EL Olivenöl erhitzen. Die Lammkoteletts salzen und darin von jeder Seite 2 Minuten braten. Nach Belieben pfeffern.

Die Petersilie waschen, trocken schütteln und die Blätter fein schneiden. Die Kartoffeln durch ein Sieb abgießen und abtropfen lassen. Den Rosmarinzweig entfernen, das Paprikagemüse mit Salz und Pfeffer abschmecken und die Petersilie unterrühren. Die Hälfte davon auf einen vorgewärmten Teller geben und die Lammkoteletts dazu anrichten. Die Kurkumakartoffeln unter das übrige Gemüse mischen und auf einem zweiten Teller servieren.

Zubereitung: 30 Minuten

Für 1+1
je 1 rote, gelbe und grüne Paprikaschote
1 Zwiebel
1 Knoblauchzehe
1 Zweig Rosmarin
Salz
3 EL Olivenöl
1 EL Tomatenmark
frisch gemahlener Pfeffer
1 kleines Bund Petersilie

Beefie-Extra
3 kleine Lammkoteletts

Veggie-Extra
150 g vorwiegend festkochende Kartoffeln
½ TL Kurkuma

Vegan-Tipp

Veganer lassen das Ei weg und ergänzen den Spinat eventuell durch eine Portion klein gewürfelten Tofu rosso (mit getrockneten Tomaten aromatisierter Tofu aus dem Bioladen).

Blattspinat
mit Lachsfilet
mit pochiertem Ei

Zubereitung: 25 Minuten

Für 1 + 1
600 g Freilandspinat
Salz
1 Handvoll Kirschtomaten
2 EL Pinienkerne
2 EL Olivenöl
frisch gemahlener Pfeffer
Muskatnuss, frisch gerieben

Beefie-Extra
125 g Lachsfilet (ohne Haut)
1 EL neutrales Pflanzenöl

Veggie-Extra
2 EL Weißweinessig
1 sehr frisches Ei

Den Spinat waschen, verlesen und von den groben Stielen befreien. Tropfnass mit einer kräftigen Prise Salz in einen Topf geben. Zugedeckt bei mittlerer Temperatur in 4–5 Minuten zusammenfallen lassen. In ein Sieb geben und abtropfen lassen.

Die Kirschtomaten waschen und halbieren. Die Pinienkerne in einer Pfanne bei geringer Temperatur ohne Fett goldbraun rösten und herausnehmen. Das Olivenöl in die Pfanne geben und die Kirschtomaten darin anbraten. Den Spinat dazugeben und unter gelegentlichem Wenden erwärmen. Mit Salz, Pfeffer und Muskatnuss abschmecken und zugedeckt warm halten.

Für das pochierte Ei in einem Topf Wasser aufkochen, salzen und den Essig hinzufügen. Das Ei vorsichtig in eine Tasse schlagen, ohne das Eigelb zu verletzen. Das Ei ins Wasser gleiten lassen und sofort das Eiweiß mit einer Gabel um den Dotter schlingen, sodass es diesen schön umschließt. Etwa 4 Minuten bei niedriger Temperatur garen.

Inzwischen das Lachsfilet kalt abwaschen und trocken tupfen. In einem Pfännchen im Öl von jeder Seite 2 Minuten bei mittlerer Temperatur braten, salzen und pfeffern.

Die Pinienkerne auf den Spinat streuen und diesen auf zwei Teller verteilen. Das pochierte Ei mit einem Schaumlöffel aus dem Wasser heben und auf eine Portion, das Lachsfilet auf die andere Portion setzen. Dazu schmecken Pellkartoffeln oder Reis.

Spargel
mit Schinken
mit gehacktem Ei und Schnittlauch

Zubereitung: 25 Minuten

Für 1+1
1 kg weißer Spargel
300 g kleine neue Kartoffeln
Salz
Zucker
80 g Butter

Beefie-Extra
100 g Schinken (roh oder gekocht)

Veggie-Extra
1 hart gekochtes Ei
¼ Bund Schnittlauch

Den Spargel sorgfältig schälen und die Enden abschneiden. Die Kartoffeln in einem Topf mit Wasser bedecken, aufkochen und in etwa 20 Minuten weich kochen.

In einem weiten Topf, in dem die Stangen liegend Platz haben, etwa 5 cm hoch Wasser mit je 1 TL Salz, Zucker und Butter aufkochen. Den Spargel einlegen und bei niedriger Temperatur, je nach Dicke der Stangen, 12–15 Minuten garen. Oder den Spargel mit Salz, Zucker und Butter im Spargeltopf mit Siebeinsatz kochen.

Das Ei pellen und fein hacken. Den Schnittlauch waschen, trocken schütteln und in Röllchen schneiden. Die Kartoffeln abgießen und nach Belieben pellen. Die übrige Butter in einem Töpfchen schmelzen.

Den Spargel auf zwei Teller heben und mit der flüssigen Butter beträufeln. Zur einen Portion den Schinken reichen, über die andere das gehackte Ei und den Schnittlauch streuen. Die Kartoffeln dazu servieren.

Variante
Sie können den Spargel auch im Bratschlauch im Backofen zubereiten: Den geschälten Spargel hineingeben, mit Salz und einer Prise Zucker bestreuen, 1 EL Butter (Veganer nehmen 1 EL Margarine) und 100 ml Weißwein oder Wasser angießen. Bei 180 °C 20–25 Minuten im Ofen garen. Auf Teller heben und die köstliche Garflüssigkeit darübergeben.

Frühlingsgemüse
mit Flusskrebsen
mit Basilikumtofu

Die Zuckerschoten waschen und von den Enden und eventuellen Fäden befreien. Kleine ganz lassen, größere schräg halbieren. In einem Topf Salzwasser aufkochen, die Zuckerschoten darin 2 Minuten blanchieren, abgießen und sofort in Eiswasser geben, damit sie ihre schöne Farbe behalten. Dann in ein Sieb abgießen und abtropfen lassen.

Den Spargel schälen, die Enden entfernen und die Stangen schräg in Stücke schneiden. Möhren und Kohlrabi schälen und in Scheiben bzw. Stifte schneiden. Das Basilikum waschen, trocken schütteln und die Blätter grob zerzupfen.

Je 1 EL Öl und Butter in einer großen Pfanne erhitzen. Spargel, Möhren und Kohlrabi darin 3 Minuten bei mittlerer Temperatur anbraten. Zuckerschoten untermischen und alles 2–3 Minuten weitergaren. Mit Salz und Pfeffer würzen und das Basilikum untermischen.

Den Basilikumtofu in kleine Würfel schneiden. Das übrige Öl in einer anderen Pfanne erhitzen und den Tofu darin 2 Minuten unter Wenden anbraten. Die Hälfte des Gemüses untermengen. Die Flusskrebse unter das übrige Gemüse mischen und kurz erwärmen. Dazu passen Pellkartoffeln oder Baguette.

Variante
Statt des Basilikumtofus können Sie auch fünf Kugeln Mini-Mozzarella in 1 EL Basilikumpesto (selbst gemacht oder aus dem Glas) verwenden und zum Schluss zum Erwärmen unter die Hälfte des Gemüses mischen.

Zubereitung: 25 Minuten

Für 1+1
150 g Zuckerschoten
Salz
400 g weißer Spargel
3–4 Bundmöhren
1 Kohlrabi
½ Bund Basilikum
2 EL neutrales Pflanzenöl
1 EL Butter
frisch gemahlener Pfeffer

Beefie-Extra
120 g gegarte Flusskrebse
(Kühltheke)

Veggie-Extra
100 g Basilikumtofu (Bioladen)

Sahnewirsing
mit Wurstklößchen
mit Haselnusstofu

Zubereitung: 45 Minuten

Für 2+2
1 kleiner Kopf Wirsing (etwa 800 g)
Salz
1 Zwiebel
4 EL neutrales Pflanzenöl
200 g Schmand
1 EL mittelscharfer Senf
1 TL Mehl
frisch gemahlener Pfeffer

Beefie-Extra
2 ungebrühte Bratwürste
(je etwa 120 g)

Veggie-Extra
200 g Haselnusstofu (Bioladen)

Den Wirsing in Blätter teilen und die Rippen herausschneiden. Die Blätter waschen und in Streifen schneiden. In einem großen Topf Wasser aufkochen, kräftig salzen und den Wirsing darin 2 Minuten blanchieren. Abgießen und sofort in eiskaltes Wasser geben, damit er seine schöne Farbe behält. In ein Sieb abgießen und gut abtropfen lassen.

Die Zwiebel schälen und fein hacken. In einem Topf 2 EL Öl erhitzen und die Zwiebel darin bei mittlerer Temperatur glasig schwitzen. Den Wirsing dazugeben und 2 Minuten unter Rühren anbraten. Schmand, Senf und Mehl verrühren und dazugeben. Alles 10 Minuten zugedeckt schmoren lassen, gelegentlich umrühren.

Das Bratwurstbrät aus der Pelle drücken und zu Klößchen formen. Diese in einer Pfanne in 1 EL Öl rundherum braun braten. Den Haselnusstofu in Würfel schneiden und in einer anderen Pfanne in 1 EL Öl rundherum goldbraun braten.

Den Wirsing mit Salz und Pfeffer abschmecken und mit den Wurstklößchen bzw. Tofuwürfeln servieren. Dazu schmecken Petersilienkartoffeln.

Tipp
Wenn Sie keinen Haselnusstofu bekommen, so verwenden Sie neutralen Tofu und braten sechs bis acht grob gehackte Haselnüsse mit.

Vegan-Tipp

Veganer ersetzen die Butter durch vegane Margarine. Wer mag, brät dazu Seitanschnitzel (siehe Seiten 79 und 82) mit einer zerdrückten Knoblauchzehe und Thymianzweigen an und bereitet aus Gemüsebrühe und Sojasahne etwas Sauce zu.

Cranberry-Rotkohl
mit Rehschnitzel
mit karamellisierten Maronen

Zubereitung: 25 Minuten

Für 2 + 2

100 g getrocknete Cranberrys
250 ml roter Johannisbeersaft
1 kleiner Kopf Rotkohl (etwa 750 g)
1 rote Zwiebel
4 EL neutrales Pflanzenöl
1 Lorbeerblatt
3 Gewürznelken
1 Zimtstange
Salz
frisch gemahlener Pfeffer

Beefie-Extra

2 Rehschnitzel (je etwa 140 g)
1 Knoblauchzehe
1–2 Zweige Thymian
100 ml Sahne

Veggie-Extra

2 EL Butter
1 EL Zucker
200 g gegarte Maronen

Die Cranberrys in einer Schale in dem Johannisbeersaft einweichen. Den Rotkohl von welken Blättern befreien, vierteln, vom Strunk befreien und fein hobeln. Die Zwiebel schälen, längs halbieren und in feine Spalten schneiden. In einem Schmortopf 2 EL Öl erhitzen und die Zwiebel darin bei mittlerer Temperatur anbraten. Den Rotkohl unterrühren und 2 Minuten mitbraten. Lorbeerblatt, Gewürznelken, Zimtstange und den Johannisbeersaft mit den Cranberrys dazugeben und alles zugedeckt 45 Minuten garen, gelegentlich umrühren.

Für die Maronen Butter und Zucker in einer Pfanne bei mittlerer Temperatur zu hellbraunem Karamell schmelzen lassen. Die Maronen hineingeben und 2–3 Minuten unter regelmäßigem Rütteln der Pfanne glasieren. Leicht salzen und zugedeckt warm halten.

Die Rehschnitzel kalt abwaschen, trocken tupfen, salzen und pfeffern. 2 EL Öl in einer Pfanne erhitzen. Den Knoblauch samt Schale zerdrücken und mit den Thymianzweigen in die Pfanne geben. Die Rehschnitzel darin von jeder Seite 2 Minuten braten, herausnehmen. Den Bratensatz mit der Sahne ablöschen und 2 Minuten einkochen lassen, mit Salz und Pfeffer abschmecken. Die Schnitzel in die Sauce legen und zugedeckt bei geringer Temperatur ziehen lassen.

Den Rotkohl mit Salz und Pfeffer abschmecken. Die Rehschnitzel mit der Sauce und einer Portion Rotkohl auf zwei Tellern anrichten. Die glasierten Maronen unter den übrigen Rotkohl mischen und auf zwei weiteren Tellern servieren.

Vegan-Tipp

Veganer schmecken die Linsen mit Agavendicksaft statt mit Honig ab und verwenden zum Braten der Quittenspalten vegane Margarine.

Kaviarlinsen

mit Scampi
mit Quittenspalten
und grünen Bohnen

Zubereitung: 35 Minuten

Für 1+1
160 g Beluga-Linsen
1 Schalotte
1 Knoblauchzehe
1 Möhre
1 dünne Stange Lauch
2 EL neutrales Pflanzenöl
400 ml Gemüsebrühe (Instant)
Salz
frisch gemahlener Pfeffer
1 TL Honig
1 EL Aceto balsamico (siehe Tipp)

Beefie-Extra
3 Scampi
1 EL Olivenöl

Veggie-Extra
100 g grüne Bohnen
1 reife Apfelquitte
1 EL Butter

Die Linsen in einem Sieb kalt abbrausen und abtropfen lassen. Die Schalotte und den Knoblauch schälen und fein hacken. Die Möhre schälen und fein würfeln. Den Lauch längs aufschneiden, gründlich waschen und in feine Ringe schneiden. Das Öl in einem Topf erhitzen. Schalotte, Knoblauch und Linsen darin 1 Minute unter Rühren anbraten. Möhre und Lauch dazugeben und mit der Gemüsebrühe ablöschen. Aufkochen und etwa 20 Minuten bei niedriger Temperatur köcheln lassen, gelegentlich umrühren.

Inzwischen die Bohnen putzen, waschen und in 4–5 cm lange Stücke schneiden. 5 Minuten in kochendem Salzwasser blanchieren, in ein Sieb abgießen und sofort in Eiswasser geben, damit sie ihre schöne Farbe behalten. Anschließend gut abtropfen lassen. Die Quitte schälen, vom Kerngehäuse befreien und in Spalten schneiden. Die Butter in einer Pfanne erhitzen und die Quitte darin 2–3 Minuten braten. Die Bohnen hinzufügen und wieder erwärmen. Mit Salz und Pfeffer würzen.

Die Scampi samt Schale längs halbieren. Das Olivenöl in einer anderen Pfanne erhitzen und die Scampi darin von jeder Seite 1–2 Minuten braten, zum Schluss leicht salzen.

Die Linsen mit Salz und Pfeffer würzen und mit Honig und Balsamicoessig abschmecken. Eine Portion mit den Scampi, die andere mit dem Bohnen-Quitten-Gemüse bekrönen.

Tipp
Achten Sie darauf, einen Essig zu verwenden, der nicht mit Gelatine geklärt wurde.

Zucchini-Schafskäse-Pfannkuchen
mit Speck
mit Walnüssen

Das Mehl in eine Rührschüssel geben und die Eier dazuschlagen. Nach und nach die Milch dazugeben und alles mit dem Schneebesen zu einem glatten Pfannkuchenteig verrühren. 10 Minuten zugedeckt quellen lassen.

Inzwischen die Zucchini waschen, von Blüten- und Stielansatz befreien und grob raspeln. Den Thymian waschen und trocken schütteln, die Blättchen abstreifen und fein hacken.

Den Speck in kleine Würfel schneiden. Die Walnüsse grob hacken. Die Zucchiniraspel und den Thymian unter den Pfannkuchenteig mengen und diesen mit Salz, Pfeffer und Muskatnuss kräftig würzen.

In zwei mittelgroßen Pfannen je 1 EL Öl erhitzen. Jeweils die Hälfte des Teigs hineingeben und gleichmäßig verteilen. Jeweils die Hälfte des Schafskäses darüberbröseln und einmal mit Speckwürfeln und einmal mit Walnussstücken bestreuen. Die Pfannkuchen 3–4 Minuten bei mittlerer Temperatur braten, dann wenden und auf der anderen Seite in weiteren 3–4 Minuten fertig braten. Dazu schmeckt Tomatensalat.

Varianten
Statt mit Zucchini und Thymian schmecken die Pfannkuchen auch mit geraspelter Möhre und gehackter Petersilie. Und die Walnüsse können Sie durch 1 EL Sonnenblumenkerne ersetzen.

Zubereitung: 25 Minuten
Quellen: 10 Minuten

Für 1 + 1
4 EL Mehl
4 Eier
125 ml Milch
1 Zucchini (etwa 150 g)
4–5 Zweige Thymian
Salz
frisch gemahlener Pfeffer
Muskatnuss, frisch gerieben
2 EL neutrales Pflanzenöl
50 g Schafskäse

Beefie-Extra
50 g Räucherspeck
(ohne Schwarte)

Veggie-Extra
6 Walnusshälften

Buchweizen-pfannkuchen

mit Schinken-Gorgonzola-Füllung
mit Spinat-Gorgonzola-Füllung

Zubereitung: 25 Minuten
(ohne Auftauzeit)
Quellen: 1 Stunde

Für 1 + 1
8 EL Buchweizenmehl
Salz
2 Eier
125 ml Milch
4 TL Butter
100 g Sahnegorgonzola

Beefie-Extra
4 Scheiben Parmaschinken

Veggie-Extra
100 g TK-Blattspinat, aufgetaut
1 TL Olivenöl
frisch gemahlener Pfeffer
Muskatnuss, frisch gerieben

Das Mehl in eine Schüssel sieben. Eine kräftige Prise Salz dazugeben und die Eier dazuschlagen. Nach und nach die Milch und 4 EL Wasser dazugeben und alles mit dem Schneebesen zu einem glatten Teig verrühren. 1 Stunde zugedeckt quellen lassen.

Den aufgetauten Spinat ausdrücken, in einem Pfännchen im Olivenöl erwärmen und mit Salz, Pfeffer und Muskatnuss würzen. Zugedeckt warm halten. Die Schinkenscheiben in Stücke zupfen.

Den Backofen samt einer Platte auf 70 °C vorheizen. Für vier Pfannkuchen jeweils 1 TL Butter in einer großen Pfanne schmelzen. Jeweils ein Viertel des Teigs hineingeben, schnell so dünn wie möglich ausstreichen und daraus große Pfannkuchen backen (von jeder Seite knapp 2 Minuten).

Die fertigen Buchweizenpfannkuchen jeweils mittig mit Schinken und Gorgonzolastückchen bzw. Spinat und Gorgonzolastückchen belegen und an vier Seiten nach innen über die Füllung schlagen, sodass quadratische Päckchen entstehen. Die fertigen Pfannkuchen im Backofen warm halten, bis alle Pfannkuchen gebacken sind. Dazu schmeckt ein bunter Blattsalat mit Kräutervinaigrette.

Hähnchen-Gemüse-Spieße
Tempeh-Gemüse-Spieße
mit Minzjoghurt

Zubereitung: 45 Minuten
Marinieren: 1 Stunde

Für 2 + 2

8 EL neutrales Pflanzenöl

1 Knoblauchzehe

1 TL Ras-el-Hanout
(orientalische Gewürzmischung)

2 kleine Zucchini

je 1 große rote und gelbe
Paprikaschote

1 weiße Zwiebel

etwas Öl für die Spieße

500 g Vollmilchjoghurt
(oder Sojajoghurt)

1 EL Zitronensaft

Salz

Zucker

½–1 große grüne Chilischote

3 Stängel Minze

Beefie-Extra
250 g Hähnchenbrustfilet

Veggie-Extra
200 g Tempeh

Das Öl in ein Schälchen geben. Den Knoblauch schälen, dazupressen und mit dem Ras-el-Hanout unterrühren. Das Tempeh in knapp 1 cm dicke Scheiben schneiden und diese halbieren, sodass Halbmonde entstehen. Von beiden Seiten mit der Würzmischung einpinseln und beiseitestellen.

Das Fleisch kalt abwaschen, abtrocknen und in 2 cm große Würfel schneiden. In einer Schale mit 2 EL Gewürzöl mischen und 1 Stunde durchziehen lassen.

Die Zucchini waschen und in knapp 1 cm dicke Scheiben schneiden. Die Paprikaschoten putzen, waschen und in Stücke schneiden. Die Zwiebel schälen, quer halbieren und längs sechsteln. Die Schichten voneinander lösen.

Acht Holzspieße einölen und im Wechsel mit Tempeh und Gemüse bzw. Fleischwürfeln und Gemüse bestücken. Eine Grillpfanne erhitzen und die Stege mit Würzöl bestreichen. Die Spieße darin bei mittlerer Temperatur von allen Seiten 7–8 Minuten braten, dabei immer wieder mit Würzöl einpinseln.

Inzwischen den Joghurt mit dem Zitronensaft, einer kräftigen Prise Salz und einer kleinen Prise Zucker in einen Mixbecher geben. Die Chilischote aufschneiden, von weißen Samen und Häutchen befreien, waschen und klein schneiden. Die Minze waschen, trocken schütteln und die Blätter abzupfen. Beides dazugeben und den Joghurt mixen.

Die Spieße salzen und mit dem Minzjoghurt servieren. Dazu schmecken ein bunter Salat und Fladenbrot.

Vegan-Tipp

Veganer lassen beim Tomaten-Fenchel die Butter weg und rühren nach Belieben 1 EL Sojasahne unter das fertig gegarte Gemüse.

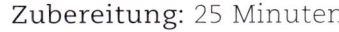

Sesam-Thunfisch
Sesamtofu
mit Tomaten-Fenchel-Gemüse

Die Tomaten kreuzförmig einritzen, mit kochendem Wasser überbrühen, kalt abschrecken und enthäuten. Die Tomaten halbieren, von Samen und Stielansatz befreien und in Spalten schneiden.

Den Fenchel waschen, das Grün abschneiden und beiseitelegen. Die Knollen längs halbieren, den Strunk keilförmig herausschneiden und die Hälften in Spalten schneiden.

In einer Schmorpfanne 2 EL Öl erhitzen. Den Fenchel darin unter Wenden 3 Minuten anbraten, dann 3 EL Wasser hinzufügen und den Fenchel zugedeckt bei niedriger Temperatur in 5–6 Minuten weich dünsten.

Inzwischen das Thunfischsteak kalt abwaschen und trocken tupfen. Den Tofu in eine ½ cm dicke Scheiben schneiden. Die Sesamsamen auf einen Teller geben. Tofu und Thunfisch auf beiden Seiten salzen und auf einer Seite mit je 1 TL Meerrettich bestreichen. Zuerst den Tofu dann den Thunfisch mit der bestrichenen Seite in den Sesam drücken. Das übrige Öl in einer zweiten Pfanne erhitzen. Tofu und Thunfisch mit der Sesamseite darin 2 Minuten anbraten, dann wenden und auf der anderen Seite in 2 Minuten fertig braten.

Die Tomaten und die Butter zum Fenchel geben und 2 Minuten mitdünsten. Mit Salz, Pfeffer und Zitronensaft abschmecken und auf zwei vorgewärmte Teller geben. Das Fenchelgrün grob hacken und darüberstreuen und den Tofu bzw. Thunfisch daraufsetzen. Dazu passen außerdem kleine Pellkartoffeln.

Tipp
Wenn der Vegetarier empfindlich auf Fischgeruch reagiert, so braten Sie Thunfisch und Tofu besser in zwei separaten kleinen Pfannen.

Zubereitung: 25 Minuten

Für 1+1
2 Tomaten
2 junge Knollen Fenchel
(je etwa 150 g)
4 EL Olivenöl
3 EL Sesam
Salz
2 TL Meerrettich (aus dem Glas)
1 EL Butter
frisch gemahlener Pfeffer
1–2 TL Zitronensaft

Beefie-Extra
1 Thunfischsteak (etwa 150 g)

Veggie-Extra
100 g Tofu

Vegan-Tipp

Veganer ersetzen den Halloumi durch mit grünen Oliven aromatisierten Tofu.

Seeteufelmedaillons
Halloumi
im Zucchinimantel
mit Avocado-Tomaten-Salat

Zubereitung: 35 Minuten

Für 1+1
1 große Zucchini (etwa 300 g)
Salz
frisch gemahlener Pfeffer
2 EL neutrales Pflanzenöl
3 EL Limettensaft
Zucker
½ große rote Chilischote
1 reife Avocado
3 Strauchtomaten
1–2 Frühlingszwiebeln
½ Bund Koriandergrün

Beefie-Extra
150 g Seeteufelfilet

Veggie-Extra
120 g Halloumi

Die Zucchini waschen und ohne Stielansatz längs – idealerweise mithilfe einer Aufschnittmaschine – in sechs 2 mm dicke Scheiben schneiden. Mit etwas Salz bestreuen und Wasser ziehen lassen.

Den Fisch kalt abwaschen, trocken tupfen, in drei dicke Medaillons schneiden und diese mit dem Handballen flach drücken. Den Halloumi in drei ähnlich große Stücke schneiden. Alle Stücke von beiden Seiten salzen und pfeffern. Die Zucchinischeiben mit Küchenpapier trocken tupfen, um die Medaillons bzw. Käsestücke wickeln und mit Holzspießchen feststecken.

Das Öl in einer Pfanne erhitzen. Seeteufel und Halloumi mit etwas Abstand darin von jeder Seite bei mittlerer Temperatur 3–4 Minuten braten.

Inzwischen den Limettensaft in einer Schüssel mit je einer kräftigen Prise Salz und Zucker verrühren. Die Chilischote längs aufschneiden, von den Samen und weißen Häutchen befreien, fein schneiden und dazugeben. Die Avocado halbieren und den Kern herausnehmen. Die Hälften schälen, klein würfeln und zur Limettensauce geben. Die Tomaten waschen, quer halbieren, die Samen entfernen und das Fruchtfleisch ebenfalls klein würfeln, dabei den Stielansatz entfernen. Die Frühlingszwiebeln putzen, waschen und bis zum zarten Grün in feine Scheiben schneiden. Das Koriandergrün waschen, trocken schütteln und die Blätter und zarten Stiele fein schneiden. Alles untermischen und mit Salz und Zucker abschmecken.

Den Avocadosalat in zwei Schälchen füllen und zu dem Seeteufel bzw. Halloumi im Zucchinimantel servieren.

Tipp
Wer Sorge hat, dass der Halloumi das Fischaroma annehmen könnte, brät beides besser separat in zwei kleinen Pfannen.

Leckere Pasta-Rezepte kann man nie genug haben! Risotto, Couscous, Polenta und Co. bringen weitere Abwechslung auf den Tisch. Bei selbst gemachten Orangengnocchi und Kichererbsennudeln schließlich werden Ihre Gäste ganz sicher ins Schwärmen geraten. Wie einfach es dabei ist, Beefies und Veggies gleichermaßen zu verwöhnen, lesen Sie in diesem Kapitel.

Mit Nudeln, Reis & Co.

Spaghetti carbonara
mit Pancetta
mit Gemüse

Zubereitung: 25 Minuten

Für 1 + 1
50 g Parmesan
1 dünne Stange Lauch
Salz
200 g Spaghetti
1 EL Butter
2 Eier
frisch gemahlener Pfeffer

Beefie-Extra
50 g Pancetta (siehe Tipps)

Veggie-Extra
1 kleine Möhre
1 Stange Sellerie
1 TL Olivenöl

Den Parmesan fein reiben. Die Pancetta fein würfeln. Lauch, Möhre und Sellerie putzen, waschen und fein schneiden.

In einem Topf 2 l Wasser aufkochen lassen, 2 TL Salz und die Spaghetti hineingeben, einmal umrühren und die Nudeln nach Packungsangabe in etwa 8 Minuten bissfest garen.

Inzwischen in einer kleinen Pfanne ½ EL Butter schmelzen, die Hälfte des Lauchs und den Speck hineingeben und 3 – 4 Minuten braten, gelegentlich umrühren.

In einer zweiten kleinen Pfanne die übrige Butter mit dem Öl erhitzen, das Gemüse mit dem restlichen Lauch darin 3 – 4 Minuten braten, mit Salz und Pfeffer würzen.

Zwei Schüsseln heiß ausspülen, je ein Ei hineinschlagen, je die Hälfte des Parmesans unterrühren und mit Pfeffer würzen. Die Nudeln in ein Sieb abgießen. Sofort (ohne Abtropfen) je die Hälfte davon mit dem Speck beziehungsweise Gemüse in die Schüsseln geben und alles gut durchheben. Die Eier-Käse-Mischung soll die Nudeln mit einer cremigen Schicht umhüllen. Jede Portion in einen tiefen Teller geben und sofort servieren.

Tipps

Pancetta ist ein italienischer luftgetrockneter Bauchspeck mit besonders feinem Aroma. Wenn Sie ihn nicht bekommen, ersetzen Sie ihn durch eine etwas kleinere Menge Räucherspeck.

Bei dem Veggie-Extra können Sie den Sellerie durch 50 g gewürfelten Räuchertofu ersetzen.

Parmesan wird aus Kuhmilch mit tierischem Lab zubereitet, ist also streng genommen nicht für Vegetarier geeignet. Wer lieber darauf verzichtet, findet im Bioladen unter dem Namen Montello einen ähnlichen Hartkäse, der mit mikrobiellem Lab hergestellt wird.

Spaghetti bolognese
Spaghetti sojanese

Für die Veggie-Variante die Gemüsebrühe aufkochen, die Soja-Schnetzel damit übergießen und 10 Minuten quellen lassen, dann in ein Sieb abgießen und abtropfen lassen.

Die Zwiebel und den Knoblauch schälen und fein hacken. Die Möhre schälen und auf der Küchenreibe grob raspeln. Den Sellerie waschen und fein würfeln.

In zwei kleinen Schmortöpfen je 1 EL Olivenöl erhitzen und je die Hälfte von Zwiebel und Knoblauch darin anschwitzen. In einem Topf das Hackfleisch und 1 EL Tomatenmark dazugeben und unter Rühren in 3–4 Minuten krümelig braten. Die Soja-Schnetzel ausdrücken, mit dem übrigen Tomatenmark in den anderen Topf geben und etwa 2 Minuten anbraten. In jeden Topf die Hälfte des Gemüses geben.

In beiden Töpfen je 125 ml Wein oder Brühe angießen, je eine Dose Tomaten, ½ TL Thymian und ein Lorbeerblatt dazugeben, unterrühren und aufkochen lassen. Die Saucen etwa 30 Minuten bei geringer Temperatur zugedeckt köcheln lassen, gelegentlich umrühren.

Etwa 10 Minuten vor Ende der Garzeit in einem Topf 4 l Wasser zum Kochen bringen, 4 TL Salz und die Spaghetti hineingeben und diese nach Packungsangabe in etwa 8 Minuten bissfest garen. Die Nudeln in ein Sieb abgießen, kurz abtropfen lassen und auf vier tiefe Teller verteilen. Die Saucen mit Salz und Pfeffer abschmecken und mittig darübergeben – in zwei Teller die vegetarische, in die anderen beiden die Beefie-Version. Nach Belieben mit geriebenem Parmesan zum Bestreuen servieren.

Zubereitung: 25 Minuten
Quellen: 10 Minuten
Garen: 45 Minuten

Für 2 + 2

1 Zwiebel
1 Knoblauchzehe
1 kleine Möhre
1 Stange Sellerie
2 EL Olivenöl
2 EL Tomatenmark
250 ml Rotwein
(oder Gemüsebrühe)
2 Dosen stückige Tomaten
(je 400 g)
1 TL getrockneter Thymian
2 Lorbeerblätter
Salz, frisch gemahlener Pfeffer
400 g Spaghetti
frisch geriebener Parmesan
(nach Belieben)

Beefie-Extra
200 g Rinderhackfleisch

Veggie-Extra
200 ml Gemüsebrühe
100 g feine Soja-Schnetzel

Linguine
mit Räucherlachs-Sahnesauce
mit Rote-Linsen-Sauce

Zubereitung: 25 Minuten

Für 1 + 1
8–10 Kirschtomaten
2 Frühlingszwiebeln
1 Knoblauchzehe
Salz
200 g Linguine
150 ml Sahne
Cayennepfeffer

Beefie-Extra
60 g Räucherlachs (in Scheiben)

Veggie-Extra
1 EL neutrales Pflanzenöl
50 g rote Linsen
100 ml Gemüsebrühe

Die Kirschtomaten waschen und vierteln. Die Frühlingszwiebeln putzen, waschen und – weiße und grüne Teile getrennt – in feine Scheiben schneiden. Den Knoblauch schälen und fein hacken.

In einer Pfanne 1 EL Öl erhitzen. Weiße Frühlingszwiebeln und Linsen darin 1 Minute unter Rühren anbraten. Mit der Gemüsebrühe ablöschen und 5 Minuten zugedeckt bei geringer Temperatur köcheln lassen.

Inzwischen in einem Topf 2 l Wasser aufkochen. Sobald das Wasser kocht, 2 TL Salz und die Nudeln hinzufügen und diese nach Packungsangabe in etwa 10 Minuten bissfest garen.

Den Lachs in feine Streifen schneiden. In einer zweiten Pfanne 100 ml Sahne mit der Hälfte des Knoblauchs 3 Minuten bei mittlerer Temperatur einkochen lassen. Die Hälfte der Kirschtomaten und die Lachsstreifen unterrühren und 2–3 Minuten köcheln lassen, mit Salz und Cayennepfeffer abschmecken.

Die restliche Sahne, den verbliebenen Knoblauch und die übrigen Kirschtomaten zu den Linsen geben und diese mit Salz und Cayennepfeffer würzen.

Die fertigen Nudeln in ein Sieb abgießen, kurz abtropfen lassen und je die Hälfte davon zur Linsen- und zur Lachssauce geben. Das Frühlingszwiebelgrün unter beide mischen. Beide Gerichte noch 1 Minute durchziehen lassen, dann auf zwei Teller geben und servieren.

Penne mit Brotbröseln
und Salsiccia
und getrockneten Tomaten

Zubereitung: 20 Minuten

Für 1+1

1 Zwiebel

1 Knoblauchzehe

1 Fleischtomate (250 g)

50 g altbackenes Weißbrot

4 EL Tomaten-Einlegeöl
(oder Olivenöl)

Salz

200 g Penne

2 EL kleine Kapern (aus dem Glas)

frisch gemahlener Pfeffer

½ TL getrockneter Oregano

Beefie-Extra

1 ungebrühte Salsiccia
(italienische Bratwurst, etwa 100 g)

Veggie-Extra

4 in Öl eingelegte, getrocknete Tomaten

Die Zwiebel und den Knoblauch schälen und fein hacken. Die Tomate waschen, längs halbieren, den Stielansatz entfernen und die Hälften in etwa ½ cm große Würfel schneiden.

Die Salsiccia aus der Haut drücken und klein würfeln. Die getrockneten Tomaten abtropfen lassen und fein schneiden.

Das Brot fein zerbröseln und die Brösel mit 2 EL Öl in einer Pfanne bei mittlerer Temperatur unter Rühren hellbraun braten. Herausnehmen.

In einem Topf 2 l Wasser aufkochen lassen, 2 TL Salz und die Penne hineingeben, einmal umrühren und die Nudeln nach Packungsangabe in etwa 11 Minuten bissfest garen.

In zwei Pfannen je 1 EL Öl erhitzen und die Hälfte der Zwiebel- und Knoblauchwürfelchen darin anbraten. In eine die Salsiccia, in die andere die getrockneten Tomaten und je die Hälfte der Kapern und Tomatenstücke geben. Beide Mischungen mit Salz, Pfeffer und Oregano würzen und 3–4 Minuten bei mittlerer Temperatur zugedeckt schmoren lassen.

Die Nudeln in ein Sieb abgießen und kurz abtropfen lassen. Dann auf die beiden Pfannen aufteilen und gut untermischen. Jedes Gericht in einen tiefen Teller geben und die gerösteten Brotbrösel darüberstreuen.

Tipp
Wer keine Kapern mag, lässt sie einfach weg oder ersetzt sie durch ein paar grüne Oliven.

Tagliatelle mit Sherry-Sahnesauce
und Hähnchenstreifen
und Morcheln

Die Morcheln 10 Minuten in wenig warmem Wasser einweichen. Inzwischen den Spargel im unteren Drittel schälen, die Enden abschneiden und die Stangen schräg in etwa 1 cm breite Stücke schneiden. Die Schalotten schälen und fein hacken.

Das Hähnchenfleisch kalt abwaschen, abtrocknen und in Streifen schneiden. Die Petersilie waschen, trocken schütteln und die Blätter fein schneiden. In einem Topf 2 ½ l Wasser zum Kochen bringen.

In zwei Pfannen jeweils 1 EL Olivenöl erhitzen und je die Hälfte der Schalotten darin bei mittlerer Temperatur anschwitzen. In einer Pfanne die Hähnchenstreifen dazugeben, 2 Minuten anbraten, dann die Hälfte des Spargels hinzufügen. Den übrigen Spargel in die andere Pfanne geben. Die Morcheln ausdrücken und mit 2 EL Einweichwasser hinzufügen. In beide Pfannen je 3 EL Sherry und Sahne geben und einige Minuten einkochen lassen.

Wenn das Nudelwasser kocht, 2 ½ TL Salz und die Tagliatelle hineingeben und nach Packungsangabe in etwa 3 Minuten bissfest kochen.

Beide Saucen mit Salz und Cayennepfeffer würzig abschmecken und jeweils die Hälfte der Petersilie unterrühren. Die Nudeln in ein Sieb abgießen, kurz abtropfen lassen und auf zwei tiefe Teller oder Schalen verteilen. Die Saucen darübergeben und die Tagliatelle sofort servieren.

Tipp
In den Lamellen der getrockneten Morcheln versteckt sich oft Sand, der unangenehm zwischen den Zähnen knirscht, wenn man ihn nicht gut entfernt. Spülen Sie die Morcheln nach dem Einweichen also noch einmal gründlich aus.

Zubereitung: 25 Minuten

Für 1 + 1
200 g grüner Spargel
2 Schalotten
½ Bund Petersilie
2 EL Olivenöl
6 EL Sherry medium
6 EL Sahne
Salz
250 g frische Tagliatelle (aus der Kühltheke)
Cayennepfeffer

Beefie-Extra
125 g Hähnchenbrustfilet

Veggie-Extra
5 g getrocknete Morcheln

Butternusskürbis-Risotto
mit Lachs
mit Paprika und Tomaten

Zubereitung: 40 Minuten

Für 1+1

200 g Butternusskürbis, geputzt
(ohne Schale, Fasern und Kerne)

1 kleine Zwiebel

1 Knoblauchzehe

1 Stück frischer Ingwer (etwa 1 cm)

500 ml Gemüsebrühe (Instant)

160 g Risottoreis

2 EL neutrales Pflanzenöl

100 ml trockener Weißwein
(siehe Tipp)

je 2–3 Zweige Petersilie und
Koriandergrün

2 EL Butter

Salz

frisch gemahlener Pfeffer

2–4 TL Zitronensaft

Beefie-Extra

150 g Lachsfilet

Veggie-Extra

4 in Öl eingelegte, getrocknete
Tomaten

1 gelbe Paprikaschote

Das Kürbisfleisch knapp 1 cm groß würfeln. Zwiebel, Knoblauch und Ingwer schälen und fein hacken. Die getrockneten Tomaten abtropfen lassen und fein würfeln. Die Paprikaschote putzen, waschen und ebenso klein würfeln. Den Lachs kalt abwaschen, trocken tupfen und in etwa 2 cm große Würfel schneiden.

Die Gemüsebrühe erhitzen. Zweimal 80 g Reis abwiegen. In zwei Töpfen jeweils 1 EL Öl erhitzen und je die Hälfte von Zwiebel, Knoblauch und Ingwer darin bei mittlerer Temperatur anschwitzen. In jeden Topf 80 g Reis dazugeben und 1 Minute unter Rühren anbraten. In beide Töpfe je 50 ml Wein gießen und vollständig einkochen lassen. Von nun an immer, wenn der Reis die Flüssigkeit aufgesogen hat, eine Kelle heiße Brühe dazugeben und regelmäßig umrühren.

Nach etwa 10 Minuten in jeden Topf die Hälfte der Kürbiswürfel und in den Veggie-Topf zusätzlich die Tomaten- und Paprikawürfelchen geben.

Nach weiteren 10 Minuten die Lachswürfel in den Beefie-Topf geben und in etwa 3 Minuten gar ziehen lassen.

Die Kräuter waschen, trocken schütteln und die Blätter fein schneiden. Nach insgesamt 22–25 Minuten Garzeit sollte der Reis weich sein, aber noch ein wenig Biss haben. Dann jeweils 1 EL Butter und noch 2 EL Brühe unterrühren. Die Kräuter hinzufügen und die Risotti mit Salz, Pfeffer und Zitronensaft abschmecken.

Tipps

Für Risotto benötigen Sie einen stärkereichen Rundkornreis, ideal sind zum Beispiel die italienischen Sorten Arborio oder Carnaroli. Ist keiner zur Hand, so ersetzen Sie ihn durch Milchreis.

Der Alkohol im Wein verkocht zwar vollständig, wer aber trotzdem lieber darauf verzichtet, löscht gleich mit Gemüsebrühe ab und schmeckt die Risotti am Ende mit etwas mehr Zitronensaft ab.

Safranrisotto mit Melone
und Garnelen
und Zitronentofu

Zubereitung: 35 Minuten

Für 1 +1
500 ml Gemüsebrühe (Instant)
2 Schalotten
2 EL Olivenöl
160 g Risottoreis
100 ml trockener Weißwein
(oder weitere Brühe)
1 Döschen Safranfäden (0,1 g)
½ Galia-Melone
2 EL Butter
2 Stängel Zitronenmelisse
Salz
frisch gemahlener Pfeffer

Beefie-Extra
100 g Gambas (aus der Kühltheke)

Veggie-Extra
½ unbehandelte Zitrone
100 g Tofu

Die halbe Zitrone heiß abwaschen, abtrocknen, die Schale fein abreiben und 1 EL Saft auspressen. Den Tofu klein würfeln und mit Zitronensaft und -schale mischen.

Die Gemüsebrühe erhitzen. Die Schalotten schälen und fein hacken. Das Öl in einem Topf erhitzen und die Schalotten darin 1 Minute anschwitzen. Den Reis hinzufügen und 1 Minute unterrühren, sodass er von Öl überzogen ist. Mit dem Wein ablöschen und diesen vollständig einkochen lassen. Von nun an immer, wenn der Reis die Flüssigkeit aufgesogen hat, eine Kelle heiße Brühe dazugeben und regelmäßig umrühren. Nach etwa 10 Minuten den Safran in 2 EL heißer Brühe auflösen, zum Risotto geben und diesen 10 Minuten unter Zugabe von Brühe weitergaren.

Aus der Melonenhälfte die Kerne herauskratzen und das Fruchtfleisch mit einem Kugelausstecher ausstechen (oder die Melone in Spalten schneiden, schälen und das Fruchtfleisch etwa 1 cm groß würfeln). Nach insgesamt 20 Minuten Garzeit den Risotto probieren: Der Reis sollte noch ein wenig Biss haben, darf aber nicht mehr hart sein.

Die Hälfte des fertigen Risottos in einen anderen Topf geben, jeweils ⅓ Kelle Brühe und die Hälfte der Butter unterrühren. In einem Topf den Tofu und die Hälfte der Melonenkugeln, im anderen Topf die restliche Melone und die Gambas untermischen. Beide Risotti 3 Minuten bei geringer Temperatur zugedeckt erwärmen.

Die Zitronenmelisse waschen und trocken schütteln, die Blätter grob zerzupfen. Die Risotti mit Salz und Pfeffer abschmecken, in zwei tiefe Teller geben und, mit Zitronenmelisse bestreut, servieren.

Kräuterbulgur

mit Lammspießen
mit Gemüse-Pilz-Spießen

Zubereitung: 50 Minuten

Für 1 + 1

1 Handvoll kleine Kirschtomaten
2 hellgrüne Spitzpaprikaschoten
1 weiße Zwiebel
6 EL Olivenöl
1 Knoblauchzehe (nach Belieben)
½ TL getrockneter Thymian
1 Zwiebel
1 TL Tomatenmark
150 g mittelfeiner Bulgur
400 ml Gemüsebrühe
½ Bund Koriandergrün
je 2 Stängel Dill und Minze
Salz, frisch gemahlener Pfeffer

Beefie-Extra
150 g Lammrückenfilet

Veggie-Extra
125 g kleine Champignons
2 kleine Zucchini

Das Lammrückenfilet kalt abwaschen, trocken tupfen und in etwa 2 cm große Würfel schneiden. Die Champignons putzen und trocken abreiben. Die Zucchini waschen und ohne Stielansatz in knapp 1 cm dicke Scheiben schneiden.

Die Kirschtomaten waschen. Die Spitzpaprika putzen, waschen und in Stücke schneiden. Die weiße Zwiebel schälen, quer halbieren, längs sechsteln und die Stücke auseinanderlösen.

Sechs Holzspieße in kaltem Wasser einweichen und abtrocknen. Dann Lammwürfel, Kirschtomaten, Paprika- und Zwiebelstücke bzw. Champignons, Zucchini, Paprika- und Zwiebelstücke im Wechsel daraufstecken. 5 EL Öl in ein Schälchen füllen. Den Knoblauch, falls verwendet, schälen und dazupressen. Den getrockneten Thymian unterrühren.

Die Zwiebel für den Bulgur schälen, fein hacken und in einem Topf in 1 EL Öl bei mittlerer Temperatur anbraten. Tomatenmark und Bulgur dazugeben und 2 Minuten unter Rühren mitbraten. Mit der Gemüsebrühe ablöschen, aufkochen und zugedeckt bei niedriger Temperatur in etwa 15 Minuten ausquellen lassen. Die Kräuter waschen und trocken schütteln. Die Blätter bzw. Spitzen abzupfen, fein schneiden, unter den Bulgur mischen und diesen mit Salz und Pfeffer abschmecken. Zugedeckt warm halten.

Eine Grillpfanne erhitzen, die Stege mit dem Würzöl einstreichen. Die Spieße darin von allen Seiten 7–8 Minuten bei mittlerer Temperatur braten, dabei immer wieder mit dem Würzöl bestreichen. Zum Schluss salzen und mit dem warmen Kräuterbulgur servieren.

Vegan-Tipp

Veganer ersetzen den Vollmilchjoghurt durch Sojajoghurt
oder Seidentofu.

Gemüsecouscous
mit Putenstreifen
mit Kreuzkümmeljoghurt

Zubereitung: 25 Minuten

Für 1+1

2 Möhren
1 Zucchini
je 1 rote und gelbe Paprikaschote
3 Frühlingszwiebeln
1 große grüne Chilischote
1 Knoblauchzehe
3 EL neutrales Pflanzenöl
200 ml Gemüsebrühe (Instant)
je ½ TL gemahlener Koriander und Kreuzkümmel
Salz
150 g Instant-Couscous

Beefie-Extra

125 g Putenschnitzel
Cayennepfeffer

Veggie-Extra

100 g Vollmilchjoghurt
1 Spritzer Zitronensaft
1 TL Olivenöl
⅓ TL gemahlener Kreuzkümmel
Zucker

Die Möhren schälen, die Zucchini waschen, beides in feine Stifte schneiden. Die Paprikaschoten putzen, waschen und in feine Streifen schneiden. Die Frühlingszwiebeln putzen, waschen und, weiße und grüne Teile separat, in feine Ringe schneiden. Die Chilischote längs aufschneiden, von den Samen befreien, waschen und fein schneiden. Den Knoblauch schälen und fein hacken. Das Putenschnitzel kalt abwaschen, abtrocknen und in mundgerechte Streifen schneiden.

In einer großen Pfanne 2 EL Öl erhitzen. Weiße Frühlingszwiebeln, Knoblauch, Chili, Möhrenstifte und Paprikastreifen darin 2 Minuten unter Rühren anbraten. Zucchinistifte dazugeben und 2 Minuten mitbraten. Die Gemüsebrühe angießen, Koriander, Kreuzkümmel und eine Prise Salz dazugeben und aufkochen lassen. Den Couscous einrühren, die Pfanne vom Herd nehmen und den Couscous in 5–7 Minuten (nach Packungsangabe) zugedeckt quellen lassen.

Inzwischen in einer kleinen Pfanne das übrige Öl erhitzen, die Putenstreifen darin in 2–3 Minuten rundherum goldbraun braten, salzen und mit Cayennepfeffer würzen.

Den Joghurt mit dem Zitronensaft, Olivenöl und Kreuzkümmel verrühren und mit Salz und einer kleinen Prise Zucker abschmecken.

Das Frühlingszwiebelgrün mit einer Gabel unter den Gemüse-Couscous ziehen und diesen dabei auflockern. Mit Salz abschmecken und auf zwei Teller verteilen. Die Putenstreifen auf einer Portion anrichten, den Joghurt zur anderen Portion servieren.

Gnocchi

mit Hähnchen-Tomaten-Ragout
mit Seitan-Tomaten-Ragout

Die Zucchini waschen, von Stiel- und Blütenansatz befreien und in etwa ½ cm große Würfel schneiden. Die Tomaten waschen, quer halbieren, die Samen entfernen und die Hälften klein würfeln. Den Rosmarin waschen, trocken schütteln, die Blätter abzupfen und hacken. Den Knoblauch schälen und fein hacken.

Das Hähnchenbrustfilet kalt abwaschen, abtrocknen und in mundgerechte Streifen schneiden. Den Seitan in ebensolche Streifen schneiden.

In zwei Pfannen jeweils 1 EL Öl erhitzen. In der einen die Hähnchen-, in der anderen die Seitanstreifen 2 Minuten bei mittlerer Temperatur anbraten. Jeweils die Hälfte von Zucchini, Knoblauch und Rosmarin dazugeben und 1 Minute mitbraten. Die Tomaten auf die Pfannen aufteilen, alles mit Salz und Pfeffer würzen und 5 Minuten zugedeckt köcheln lassen.

Inzwischen in einem Topf Wasser aufkochen, salzen und die Gnocchi darin nach Packungsanweisung etwa 4 Minuten garen, bis sie oben schwimmen. In ein Sieb abgießen, kurz abtropfen lassen. Je die Hälfte der Gnocchi zu den beiden Ragouts geben, kurz durchschwenken und auf zwei tiefe Teller oder Schalen verteilen. Mit einem Sparschäler Parmesanspäne darüberhobeln und servieren.

Tipps

Zur Spargelzeit ersetzen Sie die Zucchini durch 200 g weißen Spargel, den Sie schälen und schräg in 1 cm breite Stücke schneiden.

Wer die Tomatenhaut nicht mag, überbrüht die Tomaten, schreckt sie kalt ab und enthäutet sie vor dem Kleinschneiden.

Zubereitung: 25 Minuten

Für 1+1
1 Zucchini
2 große Strauchtomaten
2 Zweige Rosmarin
1 Knoblauchzehe
2 EL Olivenöl
Salz
frisch gemahlener Pfeffer
250 g Gnocchi (aus der Kühltheke)
1 Stück Parmesan (ersatzweise Montello, siehe Tipp Seite 126)

Beefie-Extra
125 g Hähnchenbrustfilet

Veggie-Extra
100 g Seitan

Orangengnocchi mit Ingwer-Lauch

und Entenbrust
und Granatapfelkernen

Zubereitung:
1 Stunde 45 Minuten

Für 2+2

1 kg mehligkochende Kartoffeln
Salz
2 Eier (M)
1 TL abgeriebene unbehandelte Orangenschale
etwa 250 g Mehl
Mehl zum Verarbeiten
1 dünne Stange Lauch
1 Stück frischer Ingwer (etwa 5 cm)
1 EL Butterschmalz
frisch gemahlener Pfeffer
1 unbehandelte Orange

Beefie-Extra
1 große Entenbrust (etwa 400 g)
Cayennepfeffer
40 g Butter

Veggie-Extra
4 EL Granatapfelkerne

Die Kartoffeln in Wasser in etwa 25 Minuten weich kochen. Leicht abgekühlt pellen, durch die Kartoffelpresse auf die Arbeitsfläche drücken und vollständig abkühlen lassen.

Für das Beefie-Extra den Backofen samt einer Keramikform auf 80 °C (Ober- und Unterhitze) vorheizen. Die Entenbrust kalt abwaschen, abtrocknen und die Haut rautenförmig einritzen. Die Brust rundherum mit Salz und Cayennepfeffer würzen, auf der Hautseite 4 Minuten anbraten, wenden und 2 Minuten braten. In die Form im Ofen setzen und 1 Stunde garen. Die Pfanne nicht auswaschen. Die Butter klein würfeln und ins Tiefkühlfach geben.

Eier, Orangenschale, 1 TL Salz und das Mehl zu den Kartoffeln geben und alles zu einem luftigen Teig verkneten. Den Teig in fünf Stücke teilen, auf der bemehlten Arbeitsfläche zu dünnen Strängen rollen und mit einem scharfen Messer in Stücke teilen. Auf einem bemehlten Küchentuch verteilen.

Den Lauch längs aufschneiden, waschen und in dünne Streifen schneiden. Den Ingwer schälen und in feine Stifte schneiden. In einem großen Topf Wasser aufkochen, salzen und die Gnocchi darin 2–3 Minuten garen. Lauch und Ingwer in einer großen Pfanne im Butterschmalz anbraten, salzen und pfeffern. Die Gnocchi mit einem Schaumlöffel herausheben, dazugeben und darin schwenken. Die Orange waschen und die Schale fein darüberraspeln. Den Saft auspressen (etwa 100 ml).

Den Bratensatz in der Entenpfanne erhitzen, mit Orangensaft ablöschen und einkochen lassen. Die Butter einrühren. Das Fleisch in Scheiben schneiden und mit Sauce und einer kleineren Portion Gnocchi auf zwei flachen Tellern anrichten. Die größeren Veggie-Portionen in tiefe Teller geben und mit Granatapfelkernen bestreuen.

Kichererbsennudeln
mit Aprikosen-Lamm-Ragout
mit Aprikosen-Gemüse-Ragout

Die Mehle mischen und mit Eiern, Tahin, 1 TL Salz und 2 EL Olivenöl zu einem glatten Teig verkneten. Zu einer Kugel formen, in Klarsichtfolie wickeln und 1 Stunde bei Raumtemperatur ruhen lassen.

Die Nudelmaschine installieren. Jeweils ein Stück des Teigs, durch die Walze drehen und, immer dünner werdend, auswalzen (bei 9 Stufen bis zu Stufe 7). Den Teigstreifen quer teilen und durch die Bandnudel-Schneidewalze drehen. Die Nudeln mit reichlich Mehl bestaubt auf der Arbeitsfläche ausbreiten und trocknen lassen.

Das Fleisch 1 cm groß würfeln, mit Salz und Cayennepfeffer würzen. Die Möhren schälen und in Scheiben schneiden. Die Zucchini waschen, längs vierteln und in Ecken schneiden. Die Aprikosen vierteln.

Zwiebel und Knoblauch schälen und fein hacken. Die Hälfte davon in einem Schmortopf in 1 EL Öl anbraten. Das Fleisch und ½ EL Tomatenmark dazugeben und mitbraten. Die Hälfte der Aprikosen dazugeben, 200 ml Brühe angießen und alles zugedeckt etwa 30 Minuten bei niedriger Temperatur schmoren lassen, gelegentlich umrühren. In einem zweiten Topf den Rest Zwiebeln, Knoblauch und Tomatenmark mit den Möhren in 1 EL Öl anbraten. Zucchini und übrige Aprikosen dazugeben, 150 ml Brühe angießen und 15 Minuten garen.

Die Frühlingszwiebeln waschen, putzen und mit dem zarten Grün in feine Ringe schneiden. Je die Hälfte unter die Ragouts mischen und diese mit Salz und Cayennepfeffer abschmecken.

In einem großen Topf 5 l Wasser aufkochen. 5 TL Salz und die Nudeln hineingeben und 2–3 Minuten garen. In ein Sieb abgießen, dann auf vier tiefe Teller verteilen. Das Lamm- bzw. Gemüseragout daraufgeben und servieren.

Zubereitung: 45 Minuten
Ruhen: 1 Stunde

Für 2 + 2
200 g Weizenmehl Type 550
200 g Kichererbsenmehl
4 Eier (L)
1 EL Tahin (Sesampaste)
Salz
4 EL Olivenöl
Mehl für die Arbeitsfläche
Cayennepfeffer
150 g getrocknete Softaprikosen
1 Zwiebel
2 Knoblauchzehen
1 EL Tomatenmark
350 ml Gemüsebrühe
1 Bund Frühlingszwiebeln

Beefie-Extra
400 g Lammfleisch
(Schulter oder Keule)

Veggie-Extra
3 Möhren
2 Zucchini

Polenta-Ecken
mit Rehragout
mit Sellerieragout

In einem Topf die Milch mit einer kräftigen Prise Salz aufkochen lassen. Den Polentagrieß einrieseln und 5 Minuten unter Rühren bei niedriger Temperatur kochen lassen. Eine rechteckige Form mit Öl ausstreichen. 2 EL Parmesan unter die Polenta rühren, diese in der Form glatt streichen und für 1 Stunde kalt stellen.

Das Rehfleisch kalt abwaschen, trocken tupfen und in 1 cm große Würfel schneiden. Den geschälten Sellerie ebenfalls 1 cm groß würfeln. Zwiebel und Knoblauch schälen und fein hacken. In einem Topf 1 EL Öl erhitzen und das Fleisch darin 2 Minuten anbraten. ½ EL Tomatenmark und die Hälfte von Zwiebeln und Knoblauch dazugeben und 2 Minuten unter Rühren mitbraten. Die Hälfte der Tomaten dazugeben und mit Salz und Pfeffer würzen. 25 Minuten zugedeckt bei mittlerer Temperatur köcheln lassen, gelegentlich umrühren.

Nach 15 Minuten in einem zweiten Topf 1 EL Öl erhitzen. Den Sellerie mit den übrigen Zwiebeln, Knoblauch und Tomatenmark darin 2 Minuten anbraten. Die übrigen Tomaten dazugeben, salzen, pfeffern und 10 Minuten zugedeckt bei mittlerer Temperatur köcheln lassen, gelegentlich umrühren.

Die Polenta auf ein Brett stürzen und in acht Dreiecke schneiden. 1–2 EL Öl in einer beschichteten Pfanne erhitzen und die Schnitten darin portionsweise von jeder Seite in 2–3 Minuten goldbraun braten.

Das Basilikum waschen, trocken schütteln und die Blätter grob zerzupfen. Je die Hälfte unter das Reh- bzw. das Sellerieragout mischen und mit Salz und Pfeffer abschmecken. Je zwei Polenta-Ecken auf Tellern anrichten und das jeweilige Ragout dazugeben. Nach Belieben Parmesan zum Bestreuen dazu servieren.

Zubereitung: 45 Minuten
Kühlen: 1 Stunde

Für 2 + 2
500 ml Milch
Salz
150 g Polentagrieß
4 EL Olivenöl
frisch geriebener Parmesan
1 Zwiebel
1–2 Knoblauchzehen
1 EL Tomatenmark
1 Dose stückige Tomaten (400 ml)
frisch gemahlener Pfeffer
½ Bund Basilikum

Beefie-Extra
250 g Rehfleisch
(Schulter oder Keule)

Veggie-Extra
200 g Knollensellerie
(geputzt gewogen)

Hmmmh, wie das duftet, wenn die Ofentür geöffnet wird und Lasagne oder Gratin, Quiche oder Pizza auf den Tisch kommen. Natürlich gibt es auch in diesem Kapitel wieder jeweils eine Variante für Fleisch- und Fischfans und eine für die Anhänger vegetarischer und zum Teil sogar veganer Genüsse. Lassen Sie es sich gemeinsam schmecken!

Frisch aus
dem Backofen

Chermoula-Fisch
Chermoula-Zucchini

Zubereitung: 20 Minuten
Backen: 25 Minuten

Für 1 + 1

1 Zwiebel

2 Knoblauchzehen

je 1 Bund Petersilie und
Koriandergrün

1 TL Kreuzkümmel

½ TL Koriander

1 Döschen Safranfäden (0,1 g)

½ TL edelsüßes Paprikapulver

¼ TL Cayennepfeffer

6 EL Olivenöl

½ unbehandelte Zitrone

2 Strauchtomaten

Salz

Beefie-Extra

1 Stück Kabeljaufilet (etwa 180 g)

Veggie-Extra

1 Zucchini (etwa 200 g)

Die Zwiebel und den Knoblauch schälen und etwas zerkleinern. Petersilie und Koriandergrün waschen, trocken schütteln und die Blätter und feinen Stiele grob schneiden. Alles mit Kreuzkümmel- und Koriandersamen, Safran, Paprikapulver, Cayennepfeffer und 4 EL Olivenöl im Mixer (oder einem Mixbecher mit dem Pürierstab) nicht zu fein zerkleinern. Die halbe Zitrone heiß abwaschen, abtrocknen und etwas Schale dazureiben. Etwa 1 EL Zitronensaft hinzufügen.

Den Backofen auf 180 °C vorheizen, eine Auflaufform mit 1 EL Öl fetten. Die Tomaten waschen, in dünne Scheiben schneiden, in die Form legen und salzen.

Die Zucchini waschen, längs teilen und etwas vom Fruchtfleisch aus dem Inneren herauskratzen. Die Hälften salzen. Das Fischfilet kalt abwaschen, trocken tupfen und salzen. Das Fischfilet und die beiden Zucchinihälften nebeneinander auf die Tomaten legen und mit der Chermoula bestreichen. 1 EL Öl darübersprenkeln und die Form in den heißen Ofen schieben; etwa 25 Minuten backen, bis Fisch und Zucchini gar sind und die Chermoula ein wenig Farbe angenommen hat. Dazu schmeckt Reis.

Gut zu wissen

Chermoula ist eine marokkanische Würzpaste, die sich nicht nur für Fisch und Gemüse, sondern auch zum Marinieren von Lamm und Geflügel eignet.

Falls Sie eine im Vorrat haben, so mixen Sie statt Zitronenschale und -saft eine halbe eingelegte Salzzitrone unter.

Vegan-Tipp

Veganer ersetzen Milch und
Sahne durch Kokosmilch
und den Honig durch Agavendicksaft.

Kartoffel-Kohlrabi-Gratin

mit Zanderfilet
mit Pekannusskruste

Den Backofen auf 180 °C vorheizen. Eine zwei Portionen fassende Auflaufform ausbuttern. Die Kartoffeln und den Kohlrabi schälen und in dünne Scheiben schneiden. Beides im Wechsel in die Form schichten, mit Salz, Pfeffer und Muskatnuss würzen. Sahne und Milch mischen und gleichmäßig darübergießen. Das Gratin in den heißen Ofen schieben und 30 Minuten backen.

Inzwischen die Pekannüsse im Mörser grob zerstoßen. Die Petersilie waschen, trocken schütteln und die Blätter fein schneiden. Nüsse, Petersilie, Senf und Honig vermengen und mit Salz und Pfeffer würzen. Das Gratin nach 30 Minuten Backzeit kurz herausnehmen, die Nussmasse auf einer Hälfte verteilen und das Gratin in etwa 15 Minuten fertig backen. Dann aus dem Ofen nehmen und zugedeckt ruhen lassen, damit es sich besser portionieren lässt.

Inzwischen das Zanderfilet kalt abwaschen und trocken tupfen. Von beiden Seiten salzen, die Hautseite mit Mehl bestauben. Öl und Butter in einer Pfanne auf mittlerer Temperatur erhitzen, das Fischfilet mit der Hautseite einlegen. Die Knoblauchzehe ungeschält anquetschen und mit dem Kräuterzweig dazulegen. Das Zanderfilet 3–4 Minuten braten, bis die Haut knusprig braun ist, dann wenden. Die Pfanne vom Herd ziehen und den Fisch in der Resthitze in 1 Minute fertig garen.

Das Kartoffel-Kohlrabi-Gratin teilen. Die Portion mit Nusskruste auf einem Teller, die andere zusammen mit dem Zanderfilet anrichten. Dazu schmeckt Feldsalat oder grüner Kopfsalat.

Zubereitung: etwa 1 Stunde

Für 1+1
etwas Butter für die Form
500 g mehligkochende Kartoffeln
1 kleiner Kohlrabi
Salz
frisch gemahlener Pfeffer
Muskatnuss, frisch gerieben
100 ml Sahne
100 ml Milch

Beefie-Extra
1 Zanderfilet mit Haut (etwa 150 g)
1 TL Mehl
1 EL Öl
½ EL Butter
1 Knoblauchzehe
1 Zweig Rosmarin oder Thymian

Veggie-Extra
60 g Pekannüsse
½ Bund Petersilie
½ TL mittelscharfer Senf
1 TL Honig

Vegan-Tipp

Veganer verwenden Seiden-
tofu anstelle von Schmand.

Backofenkartoffeln mit Spinat
und Curry-Garnelen-Schmand
und Curry-Apfel-Schmand

Zubereitung: 25 Minuten
Backen: etwa 1 Stunde

Für 1+1
2 große vorwiegend festkochende
Kartoffeln (je etwa 250 g)
1 EL neutrales Pflanzenöl
120 g Schmand
1 TL Zitronensaft
1 TL Currypulver
Meersalz
frisch gemahlener Pfeffer
Zucker
200 g Babyspinat

Beefie-Extra
60 g Garnelen (in Salzlake)

Veggie-Extra
½ säuerlicher Apfel

Den Backofen auf 200 °C vorheizen. Die Kartoffeln waschen, mehrfach mit einer Gabel einstechen, mit Öl einreiben und einzeln in Alufolie wickeln. Auf einem Blech in den Backofen schieben und 60–70 Minuten backen, bis sie weich sind.

Zum Ende der Garzeit den Schmand mit dem Zitronensaft und dem Currypulver verrühren und mit Salz, Pfeffer und einer kleinen Prise Zucker abschmecken. Je die Hälfte in eine Schale geben. Die Garnelen abtropfen lassen und unter eine Hälfte mischen. Den halben Apfel waschen, vom Kerngehäuse befreien, klein würfeln und unter die andere Hälfte mischen.

Den Spinat waschen, verlesen, tropfnass mit einer kräftigen Prise Salz in einen Topf geben und bei hoher Temperatur zugedeckt in 4–5 Minuten zusammenfallen lassen. In ein Sieb abgießen und pfeffern.

Die Kartoffeln auswickeln, längs einschneiden und auseinander-drücken. Jeweils leicht salzen, je die Hälfte des Spinats in die Öffnung geben und den jeweiligen Schmand darüber verteilen. Die Backofenkartoffeln sofort warm servieren. Dazu schmeckt grüner Blattsalat mit Vinaigrette.

Vegan-Tipp

Veganer bestreichen den Strudel mit ein wenig Sojamilch.

Krautstrudel
mit Kasseler
mit Räuchertofu

Zubereitung: 50 Minuten
Backen: 30 Minuten

Für 2 + 2
250 g Mehl
Salz
8 EL neutrales Pflanzenöl
1 EL Weißweinessig
600 g Spitzkohl
1 Bund Frühlingszwiebeln
Salz
frisch gemahlener Pfeffer
Kümmel (nach Belieben)
Mehl zum Verarbeiten
1 Eigelb
1 EL Milch

Beefie-Extra
150 g Kasseler
(ohne Knochen gewogen)

Veggie-Extra
150 g Räuchertofu

Das Mehl, ½ TL Salz, 2 EL Öl und den Essig auf die Arbeitsfläche geben. Nach und nach mit etwa 125 ml lauwarmem Wasser zu einem glatten Teig verkneten. Zur Kugel formen, eine heiß ausgespülte Schüssel darüberstülpen und den Teig 30 Minuten ruhen lassen.

Inzwischen den Spitzkohl längs halbieren und den Strunk entfernen. Die Hälften in feine Streifen schneiden. Die Frühlingszwiebeln putzen, waschen und, weiße und grüne Teile getrennt, in feine Ringe schneiden.

Das Kasseler und den Tofu jeweils klein würfeln. In zwei Pfannen je 2 EL Öl erhitzen und darin je die Hälfte der weißen Frühlingszwiebeln und des Spitzkohls unter Rühren anschwitzen. Kasseler bzw. Räuchertofu untermischen und mit Salz, Pfeffer und nach Belieben Kümmel würzen. Abkühlen lassen und jeweils die Hälfte des Frühlingszwiebelgrüns untermischen.

Den Backofen auf 180 ˚C vorheizen, ein Blech mit Backpapier belegen. Ein Küchentuch mit Mehl bestauben. Den Teig darauf zu einem Rechteck ausrollen und mit Öl einpinseln. Die Handrücken bemehlen, unter den Teig greifen und diesen von der Mitte nach außen immer dünner werdend ausziehen. Wieder auf das Küchentuch legen und die dickeren Teigränder wegschneiden.

Die beiden Füllungen an einer Längsseite des Rechtecks aufhäufen (die eine von links, die andere von rechts bis zur Mitte). Den Teig mithilfe des Küchentuchs zu einem Strudel rollen. Die Seiten einschlagen und den Strudel mit der Naht nach unten auf das Blech legen. Eigelb und Milch verquirlen, den Strudel damit bestreichen und etwa 30 Minuten im Ofen backen. Dazu schmeckt Kartoffelsalat.

Tipp
Eigelb und Milch verleihen der Strudeloberfläche einen schönen Glanz.

Spargel-Cannelloni
mit Schinken
mit Ricotta

Den Spargel im unteren Drittel schälen und die Enden abschneiden. Die Stangen einmal längs und einmal quer halbieren.
In einem Topf 1 l Wasser mit je 1 TL Salz, Zucker und Butter aufkochen lassen. Die Spargelstücke darin 4 Minuten garen. Herausheben und abtropfen lassen.

Das Basilikum waschen, trocken schütteln und die Blätter grob zerzupfen. Crème fraîche und Senf verrühren und die Hälfte des Basilikums untermischen. Den Ricotta mit 2 EL geriebenem Parmesan, der Zitronenschale und dem restlichen Basilikum verrühren und mit Salz und Pfeffer abschmecken.

Die Lasagneblätter einzeln in kochendes Salzwasser gleiten lassen und in 4–5 Minuten bissfest kochen. Einzeln mit einem Schaumlöffel herausheben und auf einem Stoffküchentuch auslegen.

Den Backofen auf 180 °C vorheizen, eine Auflaufform für zwei mit der übrigen Butter ausstreichen. Die Schinkenscheiben teilen und jeweils vier Spargelstücke darin einwickeln. Quer auf vier Lasagneblätter legen und ein Viertel der Senfcreme darauf verteilen. Die Lasagneblätter von der Schmalseite her aufrollen und in die Form legen. Quer auf die anderen vier Lasagneblätter den Ricotta geben (nicht ganz bis zum Rand, damit nicht zu viel herausquillt), vier Spargelstücke darauflegen, aufrollen und in die Form legen.

Die Tomaten mit Salz und Pfeffer würzen und über die Cannelloni gießen. Den Mozzarella, klein würfeln und darüber verteilen. Den übrigen Parmesan darüberstreuen. Die Cannelloni etwa 35 Minuten im Ofen backen, bis der Käse ein wenig Farbe angenommen hat. Etwas abgekühlt servieren.

Tipp
Sie können die beiden Cannelloni-Sorten natürlich auch in zwei Formen legen und darin backen, dann reichen etwa 25 Minuten.

Zubereitung: 25 Minuten
Backen: 35 Minuten

Für 1+1
8 Stangen grüner Spargel (etwa 350 g)
Salz, Zucker
2 TL Butter
½ Bund Basilikum
2 EL Crème fraîche
1 EL mittelscharfer Senf
4 EL frisch geriebener Parmesan
frisch gemahlener Pfeffer
8 Lasagneblätter
1 kleine Dose stückige Tomaten (400 ml)
1 Kugel Mozzarella (100 g)

Beefie-Extra
2 große Scheiben gekochter Schinken (etwa 50 g)

Veggie-Extra
200 g Ricotta
½ TL abgeriebene unbehandelte Zitronenschale

Vegan-Tipp

Veganer fetten die Form mit veganer Margarine aus und bereiten auch die Streusel damit zu.

Pilz-Crumble
mit Hackfleisch
mit Mangold

Zubereitung: 35 Minuten
Backen: 30 Minuten

Für 1+1

300 g gemischte Pilze (Champignons, Pfifferlinge, Kräuterseitlinge)

2 Schalotten

1 Knoblauchzehe

1 kleine Zucchini

1 gelbe Paprikaschote

4 EL Olivenöl

Salz

frisch gemahlener Pfeffer

etwas Butter für die Formen

80 g Mehl

40 g gemahlene Mandeln

50 g kalte Butter

Beefie-Extra

150 g Rinderhackfleisch

Veggie-Extra

200 g Mangold

Die Pilze putzen, trocken abreiben und in Scheiben oder mundgerechte Stücke schneiden. Die Schalotten schälen und in feine Spalten schneiden. Den Knoblauch schälen und fein hacken. Die Zucchini waschen, längs teilen und in dünne Halbmonde schneiden. Die Paprikaschote putzen, waschen und in feine Streifen schneiden.

Den Mangold waschen, die weißen Stängel keilförmig herausschneiden und klein würfeln. Die Blätter in Streifen schneiden.

In zwei Pfannen jeweils 2 EL Öl erhitzen. In einer die Hälfte von Schalotten und Knoblauch mit dem Hackfleisch anbraten. Die Hälfte der Pilze, Zucchini und Paprikastreifen dazugeben und 4 Minuten bei hoher Temperatur unter Rühren braten. Mit Salz und Pfeffer würzen. In der anderen Pfanne den Rest Schalotten und Knoblauch mit den Mangoldstielen anbraten. Pilze, Zucchini und Paprika hinzufügen und 4 Minuten mitbraten. Die Mangoldblätter dazugeben, unter Rühren zusammenfallen lassen, salzen und pfeffern.

Den Backofen auf 200 °C vorheizen, zwei ofenfeste Portionsformen ausbuttern und die Pilzmischungen hineingeben. Das Mehl mit den Mandeln und ¼ TL Salz mischen. Die Butter klein würfeln, dazugeben und alles mit den Händen zu krümeligen Streuseln verkneten. Auf den Crumbles verteilen und etwa 20 Minuten im Ofen backen.

Tipp
Wer bei der Veggie-Variante Eiweiß vermisst, fügt noch 100 g klein gewürfelten Tofu hinzu.

Grüne Lasagne
mit Kalbfleisch
mit Currylinsen

Zubereitung: 45 Minuten
Backen: 30 Minuten

Für 2 + 2

1 große Zwiebel
1 Stück frischer Ingwer (3 cm)
1–2 Knoblauchzehen
1 Bund Koriandergrün
1 EL Butterschmalz
1 TL Currypulver
Salz
frisch gemahlener Pfeffer
600 g große Fleischtomaten
etwas Butter für die Form
etwa 150 g grüne Lasagneblätter
(ohne Vorkochen)
150 g Schmand

Beefie-Extra

250 g Kalbshackfleisch

Veggie-Extra

75 g rote Linsen
150 ml Gemüsebrühe (Instant)

Zwiebel, Ingwer und Knoblauch schälen und zusammen fein hacken. Das Koriandergrün waschen, trocken schütteln, die Blätter und zarten Stiele fein schneiden.

In einem Topf ½ EL Butterschmalz erhitzen. Die Hälfte von Zwiebel, Ingwer und Knoblauch darin 2 Minuten anbraten. Die Linsen und ½ TL Currypulver dazugeben und 2 Minuten unter Rühren mitbraten. Die Brühe angießen, aufkochen lassen und die Linsen in 10 Minuten knapp gar kochen. Mit Salz und Pfeffer würzen und die Hälfte des Koriandergrüns untermischen. Vom Herd ziehen.

Gleichzeitig in einer Pfanne ebenfalls ½ EL Butterschmalz erhitzen, den Rest Zwiebel, Ingwer und Knoblauch darin 2 Minuten anbraten. Das Kalbfleisch dazugeben und 3 Minuten mitbraten. Auch mit ½ TL Currypulver, Salz und Pfeffer würzen und die andere Hälfte des Koriandergrüns unterrühren.

Den Backofen auf 180 °C vorheizen. Die Tomaten waschen und klein würfeln, dabei den Stielansatz entfernen. Eine ofenfeste Form ausbuttern und eine Lage Nudelblätter einlegen. Auf einer Seite bis zur Mitte die Hälfte der Linsen, auf der anderen die Hälfte des Fleischs verteilen. Ein Drittel der Tomatenwürfel darüberstreuen. Wieder Nudeln und den Rest von Linsen bzw. Kalbfleisch einschichten und ein weiteres Drittel der Tomaten darübergeben. Mit einer Schicht Nudeln abschließen. Den Schmand unter die übrigen Tomaten mischen, salzen und pfeffern und auf der Oberfläche verteilen. Im heißen Ofen etwa 30 Minuten backen.

Tipp
Wenn Sie Bedenken haben, die Beefie-Lasagne mit der Veggie-Variante zusammen zu backen, so schichten Sie jede einzeln in eine kleinere Form. Die Nudelblätter können Sie einfach in passende Stücke brechen.

Muschelnudeln

mit Thunfisch und Paprika
mit Brokkoli und Schafskäse

Zubereitung: 1 Stunde
Backen: 25 Minuten

Für 1+1
Salz
frisch gemahlener Pfeffer
1 Zwiebel
1 Knoblauchzehe
1 EL+1 TL Olivenöl
150g große Muschelnudeln
(Conchiglioni)
etwas Öl für die Formen
100ml Sahne
2 Eier

Beefie-Extra
1 rote Paprikaschote
1 Dose Thunfisch
(in Öl; 185g Abtropfgewicht)
⅓ TL getrockneter Thymian

Veggie-Extra
250g Brokkoli
60g Schafskäse
4 Walnusshälften (nach Belieben)

Den Brokkoli in sehr kleine Röschen teilen und 5 Minuten in kochendem Salzwasser garen. In ein Sieb abgießen, abtropfen lassen und in eine Schüssel geben. Den Schafskäse dazubröseln und kräftig pfeffern. Die Walnüsse, falls verwendet, hacken und dazugeben.

Die Paprikaschote putzen, waschen und klein würfeln. Den Thunfisch in ein Sieb abgießen und abtropfen lassen.

Die Zwiebel und den Knoblauch schälen und fein hacken. In einer Pfanne 1 EL Olivenöl erhitzen und beides darin glasig anschwitzen. Die Hälfte davon zum Brokkoli geben. Die Paprika zu der übrigen Zwiebelmischung in die Pfanne geben und etwa 2 Minuten braten. Den Thunfisch untermischen und mit Thymian, Salz und Pfeffer abschmecken.

Die Muschelnudeln nach Packungsanweisung in kochendem Salzwasser in 10–12 Minuten bissfest garen. In ein Sieb abgießen, kalt überbrausen und abtropfen lassen. 1 TL Öl untermischen, damit sie nicht zusammenkleben.

Den Backofen auf 200 °C vorheizen, zwei Portionsauflaufformen mit Öl ausstreichen. Die Hälfte der Muschelnudeln mit der Thunfisch-, die andere Hälfte mit der Brokkolimischung füllen. Die Nudeln sortenrein dicht an dicht nebeneinander in die Formen setzen. Sahne und Eier verquirlen, salzen, pfeffern und über die Nudeln gießen. Im heißen Ofen etwa 25 Minuten backen.

Kürbisspalten vom Blech

mit Honig-Hähnchenkeule
mit Orangen-Sesam-Dip

Die Kürbishälfte von Kernen und Fasern befreien und in
schmale Spalten schneiden. Den Backofen auf 200 °C vorheizen,
ein Blech mit Backpapier belegen. Die Kürbisspalten darauf
verteilen und 2 EL Öl darübersprenkeln.

Die Hähnchenkeule im Gelenk auseinanderschneiden, die
Stücke kalt abwaschen und abtrocknen, salzen und pfeffern.
Die Hähnchenteile mit der Hautseite nach unten auf einer Seite
des Blechs zwischen die Kürbisspalten legen. Kürbis und Hähnchen 15 Minuten im Ofen backen.

Inzwischen die Orange heiß abwaschen, die Schale mit dem
Zestenreißer in feinen Spänen abziehen, den Saft auspressen.
Den Knoblauch schälen und fein hacken. Das Brot entrinden
und fein zerbröseln. Beides mit den Mandelstiften und Orangenzesten mischen.

Die Hähnchenteile und Kürbisspalten wenden, den Orangensaft
angießen. Die Hähnchenhaut mit Honig bestreichen. Die Kürbisspalten salzen und die Mandelmischung darüberstreuen. Für
weitere 15–20 Minuten in den Ofen schieben.

Für den Dip die halbe Orange heiß abwaschen, abtrocknen und
½ TL Schale fein abreiben. Anschließend 2 EL Saft auspressen,
Beides mit Joghurt und Tahin verrühren und mit Salz und
Cayennepfeffer abschmecken. In ein Schälchen füllen.

Die Hähnchenstücke mit einem Drittel der Kürbisspalten auf
einem Teller anrichten. Die übrigen Kürbisspalten mit dem
Orangen-Sesam-Dip servieren.

Zubereitung: 30 Minuten
Backen: 30 Minuten

Für 1 + 1
½ Hokkaidokürbis (etwa 600 g)
3 ½ EL Olivenöl
Salz
frisch gemahlener Pfeffer
1 unbehandelte Orange
1 Knoblauchzehe
1 Scheibe altbackenes Toastbrot
2 EL Mandelstifte

Beefie-Extra
1 große Hähnchenkeule
(etwa 250 g)
1 TL Honig

Veggie-Extra
½ unbehandelte Orange
50 g Joghurt
1 EL Tahin (Sesampaste)
Salz
Cayennepfeffer

Gefüllte Paprikaschoten mit Quinoa
und Hackfleisch
und Gemüse

Zubereitung:
1 Stunde 30 Minuten

Für 2+2
Salz
200 g Quinoa
je 4 rote und gelbe Paprikaschoten
1 Bund Frühlingszwiebeln
1 kleines Bund Petersilie
3 EL Butter
frisch gemahlener Pfeffer
etwas Öl für die Formen
1 Zwiebel
1 EL Mehl
1 Dose stückige Tomaten (850 ml)
1 TL Zucker
1–2 EL Weißweinessig

Beefie-Extra
300 g gemischtes Hackfleisch
½ TL getrockneter Majoran

Veggie-Extra
1 Möhre
1 kleine Zucchini
3 EL geraspelter Gouda

In einem Topf ½ l Wasser aufkochen, salzen, den Quinoa einrühren, zudecken und in 12 Minuten bei mittlerer Temperatur knapp gar kochen lassen. In ein Sieb abgießen. Von den Paprikaschoten oben einen Deckel abschneiden und die Samen und weißen Scheidewände entfernen. Die Schoten waschen und abtropfen lassen. Die Frühlingszwiebeln putzen, waschen und – weißen und grünen Teil separat – in feine Ringe schneiden. Die Petersilie waschen und trocken schütteln, die Blätter fein schneiden. Die Möhre schälen, die Zucchini waschen und beides fein würfeln.

In einer Pfanne 1 EL Butter schmelzen. Die weißen Frühlingszwiebeln darin glasig schwitzen. Möhre und Zucchini dazugeben und 2 Minuten unter Rühren anbraten. Salzen, pfeffern und die Petersilie und das Zwiebelgrün untermischen.

Das Hackfleisch mit je 2 EL Quinoa und Gemüse vermengen und mit Majoran, Salz und Pfeffer würzen. Übrigen Quinoa mit dem restlichen Gemüse und dem Käse vermengen, mit Salz und Pfeffer abschmecken.

Den Backofen auf 180 °C vorheizen. Zwei ofenfeste Formen mit Öl ausstreichen und jeweils 2 EL Wasser hineingeben. Je zwei gelbe und rote Paprika mit der Fleisch- bzw. Quinoamasse füllen und sortenrein dicht an dicht hineinsetzen. Mit Alufolie abgedeckt 30 Minuten im Ofen backen.

Inzwischen die Zwiebel schälen, fein hacken und in der übrigen Butter in einem Topf glasig anschwitzen. Mit Mehl bestauben, die Tomaten unterrühren und 5 Minuten bei hoher Temperatur unter Rühren einkochen lassen. Die Sauce pürieren und mit Salz, Zucker und Essig abschmecken. Über die Paprika gießen und diese noch 30 Minuten offen im Ofen garen.

Schweinemedaillons
Portobellopilze
mit Kräuterkruste

Die Kräuter waschen, trocken schütteln und die Blätter fein schneiden. Den Knoblauch schälen und fein hacken. Die Pinienkerne grob hacken. Den Parmesan reiben. Das Eiweiß mit einer Prise Salz zu festem Schnee schlagen. Kräuter, Knoblauch, Pinienkerne, Parmesan, Semmelbrösel und Zitronenschale untermischen und mit Pfeffer abschmecken.

Den Backofen auf 220°C vorheizen, zwei ofenfeste Formen mit Öl ausstreichen. Das Filet kalt abwaschen, trocken tupfen und in sechs dicke Scheiben schneiden. Die Pilze säubern, aber nicht waschen. In zwei Pfannen jeweils 2 EL Öl erhitzen. Die Medaillons salzen und in einer Pfanne von jeder Seite 1–2 Minuten bei hoher Temperatur anbraten. In die Form geben. Die Pilze in der anderen Pfanne ebenfalls von beiden Seiten anbraten, salzen und mit der Stielseite nach oben in die andere Form geben. Alle Teile mit der Kräutermischung bestreichen.

Den Backofengrill zuschalten, Medaillons und Pilze in den Ofen schieben (oben) und etwa 8 Minuten überbacken, bis die Kruste Farbe annimmt.

Und dazu?

Für Ratatouille eine große Aubergine würfeln, mit Salz bestreuen und Wasser ziehen lassen. Zwei Zucchini und je zwei gelbe und rote Paprikaschoten putzen, waschen und klein würfeln. Eine Zwiebel und eine Knoblauchzehe schälen und fein hacken. Die Aubergine ausdrücken und in 2 EL Olivenöl in einer großen Pfanne goldbraun braten, herausnehmen. Dann Zwiebel und Knoblauch mit 2 EL Öl in der Pfanne kurz anbraten. Zucchini, Paprika, eine Dose stückige Tomaten (400 ml) und Kräuterzweige (Rosmarin, Thymian, Lorbeerblatt) dazugeben und zugedeckt bei mittlerer Temperatur 8–10 Minuten garen. Die Aubergine untermischen, salzen und pfeffern.

Zubereitung: 40 Minuten

Für 2+2
1 Bund Petersilie
3 Zweige Rosmarin
½ Bund Thymian
1 Knoblauchzehe
50 g Pinienkerne
50 g Parmesan
2 Eiweiß
Salz
2 EL Semmelbrösel
1 TL abgeriebene unbehandelte Zitronenschale
frisch gemahlener Pfeffer
etwas Öl für die Formen
4 EL Olivenöl

Beefie-Extra
300 g Schweinefilet

Veggie-Extra
4 Portobellopilzkappen (ersatzweise 6–8 große Champignonköpfe)

Auberginen-Parmigiana
mit Lammhack
mit Mozzarella

Die Aubergine waschen, in ½ cm dicke Scheiben schneiden, salzen und 10 Minuten Wasser ziehen lassen. Kalt abspülen, ausdrücken und mit Küchenpapier trocken tupfen. Jeweils 1–2 EL Öl in einer Pfanne erhitzen und die Auberginenscheiben darin portionsweise von jeder Seite 2 Minuten braten. Auf Küchenpapier abtropfen lassen.

Das Tomatenpüree salzen und pfeffern. Das Basilikum waschen, trocken schütteln, die Blätter grob zerzupfen und untermischen. Den Mozzarella abtropfen lassen und in dünne Scheiben schneiden.

In einem Pfännchen 1 EL Öl erhitzen und das Lammhackfleisch darin in 2–3 Minuten unter Rühren krümelig braten, salzen und pfeffern.

Den Backofen auf 200 °C vorheizen, zwei Portionsauflaufformen mit hohem Rand (etwa 14 cm Durchmesser) mit Olivenöl ausstreichen. In eine Form die Hälfte der Auberginenscheiben, des Tomatenpürees und des Parmesans im Wechsel mit dem Mozzarella schichten. Mit Mozzarella und Parmesan abschließen. In die andere Form die übrigen Zutaten im Wechsel mit dem Hackfleisch schichten. Jeweils 1 EL Crème fraîche auf der Oberfläche verstreichen und Parmesan darüberstreuen.

Die Aufläufe in den heißen Ofen schieben und in etwa 25 Minuten goldbraun backen. Etwas abgekühlt mit reichlich knusprigem Weißbrot zum Auftunken servieren.

Zubereitung: 30 Minuten
Backen: 25 Minuten

Für 1+1
1 Aubergine (etwa 250 g)
Salz
etwa 6 EL Olivenöl
400 g Tomatenpüree (Tetrapak)
frisch gemahlener Pfeffer
3 Stängel Basilikum
etwas Olivenöl für die Formen
6 EL frisch geriebener Parmesan
2 EL Crème fraîche

Beefie-Extra
1 EL Olivenöl
100 g Lammhackfleisch

Veggie-Extra
½ Kugel Mozzarella (62 g)

Türkische Pizza
mit Hackfleisch
mit getrockneten Tomaten

Zubereitung:
1 Stunde 20 Minuten
Backen: 20 Minuten

Für 4+4
500 g Mehl
1 Päckchen Trockenhefe
1 TL Zucker
Salz
1 große Fleischtomate
2 hellgrüne Spitzpaprikaschoten
2 Bund Petersilie
2 TL Paprikaflocken (*pul biber*)
1 TL edelsüßes Paprikapulver
1 TL gemahlener Kreuzkümmel
frisch gemahlener Pfeffer
etwa 10 EL Olivenöl
2 rote Zwiebeln
1 EL Sumak
(säuerliches, dunkelrotes Gewürz,
in türkischen Läden erhältlich)

Beefie-Extra
250 g Hackfleisch
(Lamm oder Rind)

Veggie-Extra
8–10 in Öl eingelegte getrocknete
Tomaten
250 g Ricotta

Das Mehl in eine Schüssel sieben, Hefe, Zucker und 1 TL Salz dazugeben. Nach und nach etwa 250 ml lauwarmes Wasser untermischen, sodass ein weicher Teig entsteht. Diesen etwa 5 Minuten kneten, dann zugedeckt an einem warmen Ort etwa 1 Stunde gehen lassen.

Inzwischen die Tomate überbrühen, enthäuten und ohne Stielansatz fein würfeln. Die Paprikaschoten putzen, waschen und fein würfeln. Die Petersilie waschen, trocken schütteln, von einem Bund die Blätter abzupfen und fein hacken.

In einer Schüssel das Hackfleisch mit der Hälfte der Tomaten- und Paprikawürfel und der Hälfte der gehackten Petersilie mischen und mit 1 TL Paprikaflocken und je ½ TL Paprikapulver und Kreuzkümmel würzen; mit Salz und Pfeffer abschmecken. Die getrockneten Tomaten fein würfeln. In einer Schüssel mit Ricotta, dem Rest Tomaten, Paprikaschoten und gehackter Petersilie mischen und mit den übrigen Gewürzen sowie Salz und Pfeffer abschmecken.

Den Backofen auf 200 °C vorheizen, Backbleche mit Backpapier belegen und mit Olivenöl besprenkeln. Den Teig zu acht dünnen Fladen ausrollen und auf die Bleche legen. Vier mit der Fleisch-, die übrigen mit der Ricottamasse bestreichen, dabei einen kleinen Rand frei lassen. Jede Pizza mit 1 EL Olivenöl beträufeln und etwa 20 Minuten im Ofen backen.

Von dem zweiten Bund Petersilie die Blätter abzupfen und grob hacken. Die roten Zwiebeln schälen und in feine Ringe schneiden. Beides getrennt in zwei Schälchen geben. Den Sumak in ein weiteres Schälchen füllen. Diese Zutaten zu den Pizzen servieren, sodass jeder selber seine Pizza damit bestreuen kann.

Kräuterfisch
Kräuterschafskäse
im Blätterteig

Die Blätterteigscheiben nebeneinander auf der Arbeitsfläche auftauen lassen. Inzwischen die Kräuter waschen, trocken schütteln und die Blätter fein hacken. Die Zitronenhälfte heiß abwaschen und abtrocknen. Die Schale fein abreiben und unter die Kräuter mischen.

Den Käse in eine Schüssel bröseln, die Hälfte der Kräuter, das Ei und die Semmelbrösel untermengen und mit Salz und Pfeffer abschmecken. Das Fischfilet kalt abwaschen, trocken tupfen und mit Salz und Pfeffer würzen. Dann dünn mit dem Senf einreiben und in der übrigen Kräutermischung wenden.

Den Backofen auf 200 °C vorheizen, ein Blech mit Backpapier belegen. Je zwei Blätterteigscheiben aufeinanderlegen und auf der bemehlten Arbeitsfläche zu Rechtecken ausrollen. Auf eines das Kräuterfischfilet legen, auf das andere die Schafskäsemasse geben. Beides in den Blätterteig wickeln und die Ränder gut zusammendrücken. Dicke Teigränder abschneiden und daraus nach Belieben Streifen schneiden oder Motive ausstechen und die Päckchen damit dekorieren.

Die Blätterteigpäckchen mit der Naht nach unten auf das Blech legen. Das Eigelb mit der Milch verquirlen. Den Blätterteig damit bestreichen, mit dem Thymian bestreuen und etwa 25 Minuten im Ofen backen. Dazu schmeckt ein bunter Salat mit Vinaigrette.

Variante
Für Spinat-Schafskäse-Päckchen verwenden Sie statt Ei und Semmelbröseln 100 g TK-Blattspinat: den Spinat nach dem Auftauen gut ausdrücken, grob zerkleinern und unter den Schafskäse mischen. Statt mit Thymian können Sie die Päckchen vor dem Backen auch mit Sesam bestreuen.

Zubereitung: 35 Minuten
Backen: 25 Minuten

Für 1+1
4 quadratische Scheiben TK-Blätterteig (180 g)
je 1 Bund Petersilie, Basilikum und Koriandergrün
2 Stängel Minze
½ unbehandelte Zitrone
Salz
frisch gemahlener Pfeffer
etwas Mehl für die Arbeitsfläche
1 Eigelb
1 EL Milch
1 TL getrockneter Thymian

Beefie-Extra
150 g Fischfilet (Goldbarsch, Seelachs)
1 TL mittelscharfer Senf

Veggie-Extra
120 g milder Schafskäse (Manouri)
1 Ei (S)
2 EL Semmelbrösel

Vegan-Tipp

Veganer ersetzen die Sahne durch Sojasahne.

Schwarzer-Rettich-Auflauf
mit Bacon
mit Räuchertofu

Zubereitung:
1 Stunde 20 Minuten

Für 1+1
1 Zwiebel
½ Bund Petersilie
1 EL neutrales Pflanzenöl
1 TL getrockneter Oregano
250 g schwarzer Rettich
300 g mehligkochende Kartoffeln
etwas Öl für die Formen
Salz
frisch gemahlener Pfeffer
200 ml Sahne
2 EL Sonnenblumenkerne

Beefie-Extra
50 g Bacon
(Frühstücksspeck in Scheiben)

Veggie-Extra
100 g Räuchertofu

Die Zwiebel schälen und fein hacken. Die Petersilie waschen, trocken schütteln und die Blätter fein schneiden. Das Öl in einem Pfännchen erhitzen und die Zwiebelwürfel darin in 1 Minute glasig schwitzen. Petersilie und Oregano unterrühren und abkühlen lassen.

Den Bacon in Streifen schneiden. Den Räuchertofu klein würfeln. Die Rettiche schälen, längs halbieren und in dünne Scheiben schneiden. Die Kartoffeln schälen und in Scheiben schneiden.

Den Backofen auf 200 °C vorheizen, zwei ofenfeste Portionsformen mit Öl ausstreichen. In einer Form die Hälfte der Rettich- und Kartoffelscheiben mit der Hälfte der Zwiebelmischung und den Baconstreifen einschichten und jede Lage mit Salz und Pfeffer würzen. In der anderen Form die übrige Hälfte der Zutaten mit dem Räuchertofu einschichten. Jeweils die Hälfte der Sahne darübergießen und die Förmchen für etwa 30 Minuten in den heißen Ofen schieben.

Jeden Auflauf mit 1 EL Sonnenblumenkernen bestreuen und noch etwa 15 Minuten backen, bis Kartoffeln und Rettich weich sind. Etwas abgekühlt servieren. Dazu schmeckt ein bunter Salat mit Joghurtdressing.

Zwiebelkuchen
mit Speck
mit Kürbiskernen

Zubereitung: 40 Minuten
Ruhen: 1 Stunde 30 Minuten
Backen: 30 Minuten

Für 6+6 Stücke
300 g Mehl
½ Würfel frische Hefe (21 g)
½ TL Zucker
Salz
5 EL neutrales Pflanzenöl
1 kg Zwiebeln
frisch gemahlener Pfeffer
Mehl für die Arbeitsfläche
4 Eier
250 ml Sahne

Beefie-Extra
150 g Räucherspeckwürfel
1 TL Kümmel

Veggie-Extra
3 EL Kürbiskerne

Das Mehl in eine Schüssel sieben, in die Mitte eine Mulde drücken. Hefe und Zucker in 150 ml lauwarmem Wasser auflösen, in die Mulde gießen und ein wenig Mehl vom Rand darüberstreuen. Zugedeckt an einem warmen Ort 15 Minuten gehen lassen.

Dann 1 TL Salz und 2 EL Öl in die Schüssel geben und alles 3–4 Minuten mit den Knethaken des Handrührgeräts bearbeiten, bis sich die Teigkugel vom Schüsselrand löst. Mit Mehl bestreut in der Schüssel zugedeckt 1 Stunde gehen lassen (siehe Tipp), bis sich das Volumen verdoppelt hat.

Inzwischen die Zwiebeln schälen und in dünne Ringe schneiden. In einer großen Pfanne 1 EL Öl erhitzen, den Speck darin bei mittlerer Temperatur in 2–3 Minuten auslassen. Knapp die Hälfte der Zwiebeln dazugeben und 8–10 Minuten unter Rühren braten. Mit Kümmel, Salz und Pfeffer würzen. In einer anderen Pfanne das übrige Öl erhitzen und die restlichen Zwiebeln darin 8–10 Minuten braten, salzen und pfeffern.

Den Backofen auf 200 °C vorheizen, ein Blech mit Backpapier belegen. Den Teig auf der bemehlten Arbeitsfläche etwas größer als das Blech ausrollen, auf das Blech legen und einen kleinen Rand formen. Auf einer Hälfte des Teigs die Zwiebeln, auf der anderen die Zwiebel-Speck-Mischung verteilen. Eier und Sahne verquirlen und darübergießen. Die Kürbiskerne über die vegetarische Seite streuen.

Den Zwiebelkuchen im Ofen etwa 30 Minuten backen, bis die Oberfläche zart gebräunt ist.

Tipp
Der Hefeteig wird noch knuspriger, wenn Sie ihn in einer Schüssel mit Deckel ganz langsam über Nacht im Kühlschrank gehen lassen.

Register

A

Ananas-Curry mit Schweinefleisch /
    mit Tofu und Kokoschips 63
Apfel
    Backofenkartoffeln mit Spinat
    und Curry-Apfel-Schmand 159
    Kartoffelstampf mit Apfelspalten und Röstzwiebeln 99
    Maronencremesuppe mit Ingwer-Apfelspalten 53
Aprikose, Kichererbsennudeln
    mit Aprikosen-Lamm-Ragout /
    mit Aprikosen-Gemüse-Ragout 148
Aubergine
    Auberginen-Parmigiana mit Lammhack /
    mit Mozzarella 177
    Auberginenröllchen mit Walnussfüllung 89
    Halloumischeiben /
    Marinierte Nackensteaks mit Grillgemüse 87
Austernpilz
    Austernpilze mit Estragon-Senf-Sauce 84
    Spinatspätzle mit Pilz-Ragout 96
    Thai-Kokossuppe mit Austernpilzen 59
Avocado
    Halloumi im Zucchinimantel
    mit Avocado-Tomaten-Salat 123
    Seeteufelmedaillons mit Avocado-Tomaten-Salat 123

B

Backofenkartoffeln mit Spinat und Curry-Apfel-Schmand /
    und Curry-Garnelen-Schmand 159
Blattspinat mit Lachsfilet / mit pochiertem Ei 103
Blumenkohl-Erbsen-Curry mit Fisch / mit Kartoffeln 60
Bohne
    Florentiner Bohnentopf mit Pancetta /
    mit frittierten Salbeiblättern 68
    Gemüsesuppe mit Kräuterpistou
    und Kalbfleischbällchen / und weißen Bohnen 54
    Chili con carne / sin carne 67
    Kaviarlinsen mit Quittenspalten und grünen Bohnen . . 113
Bresaola, Selleriesalat mit Bresaola und Kapern 19
Brokkoli, Muschelnudeln mit Brokkoli und Schafskäse 169
Buchweizenpfannkuchen
    mit Schinken-Gorgonzola-Füllung /
    mit Spinat-Gorgonzola-Füllung 116
Bulgur, Kräuterbulgur mit Lammspießen /
    mit Gemüse-Pilz-Spießen 141
Butternusskürbis-Risotto mit Lachs /
    mit Paprika und Tomaten 136

C

Carpaccio
    Rinder-Carpaccio 21
    Rote-Bete-Carpaccio 21
Champignon
    Kräuterbulgur mit Gemüse-Pilz-Spießen 141
    Pilz-Crumble mit Hackfleisch / mit Mangold 164
    Spinatspätzle mit Hähnchen-Champignon-Ragout 96
Chermoula-Fisch / -Zucchini 155
Chicorée, Pomelo-Chicorée-Salat mit Hähnchenfleisch /
    mit Paranüssen 33
Chili con carne / sin carne 67
Couscous, Gemüsecouscous mit Kreuzkümmeljoghurt /
    mit Putenstreifen 142
Cranberry-Rotkohl mit karamellisierten Maronen /
    mit Rehschnitzel 111

Curry

Ananas-Curry mit Tofu und Kokoschips /
    mit Schweinefleisch 63
Blumenkohl-Erbsen-Curry mit Fisch / mit Kartoffeln 60

E

Ei
    Blattspinat mit pochiertem Ei 103
    Spargel mit gehacktem Ei und Schnittlauch 104
Ente, Orangengnocchi mit Ingwer-Lauch und Entenbrust . . 147
Erbse
    Blumenkohl-Erbsen-Curry mit Fisch / mit Kartoffeln 60
    Samosas mit Erbsen und Hackfleisch /
    mit Erbsen und Kartoffeln 37

F

Feldsalat mit Kürbiskernhähnchen / mit Kürbiskerntofu 25
Fenchel
    Fenchel-Crangen-Salat mit getrockneten Tomaten
    und Oliven / mit Kabeljau 31
    Sesam-Thunfisch /
    Sesamtofu mit Tomaten-Fenchel-Gemüse 121
Florentiner Bohnentopf mit frittierten Salbeiblättern /
    mit Pancetta 68
Flusskrebs, Frühlingsgemüse mit Flusskrebsen 107
Frikadellen mit Zuckerschoten-Möhren-Gemüse 92

G

Garnele
    Backofenkartoffeln
    mit Spinat und Curry-Garnelen-Schmand 159
    Gelber Linsensalat mit Kokosgarnelen 34
    Safranrisotto mit Melone und Garnelen 139
Gefüllte Paprikaschoten mit Quinoa und Gemüse /
    mit Quinoa und Hackfleisch 173
Gemüsecouscous mit Kreuzkümmeljoghurt /
    mit Putenstreifen 142
Gemüsesuppe mit Kräuterpistou und Kalbfleischbällchen /
    und weißen Bohnen 54
Gnocchi
    Gnocchi mit Hähnchen-Tomaten-Ragout /
    mit Seitan-Tomaten-Ragout 145
    Orangengnocchi mit Ingwer-Lauch und Entenbrust /
    und Granatapfelkernen 147
Gorgonzola
    Buchweizenpfannkuchen
    mit Schinken-Gorgonzola-Füllung /
    mit Spinat-Gorgonzola-Füllung 116
Granatapfel, Orangengnocchi mit Ingwer-Lauch
    und Granatapfelkernen 147
Grüne Lasagne mit Currylinsen / mit Kalbfleisch 167
Grünkernbällchen mit Tomaten-Orangen-Sauce 95
Gurke
    Salat mit Paprika-Crostini 22
    Scharfe Schweineschnitzel /
    Tofuschnitzel in Erdnusspanade mit Gurkensalat 77

H

Hackbällchen mit Tomaten-Orangen-Sauce 95
Hähnchen
    Feldsalat mit Kürbiskernhähnchen 25
    Gnocchi mit Hähnchen-Tomaten-Ragout 145
    Hähnchen-Gemüse-Spieße mit Minzjoghurt 119
    Kürbisspalten vom Blech mit Honig-Hähnchenkeule . . . 171
    Pomelo-Chicorée-Salat mit Hähnchenfleisch 33
    Samosas mit Erbsen und Hackfleisch 37

Spinatspätzle mit Hähnchen-Champignon-Ragout 96
Tagliatelle mit Sherry-Sahnesauce
   und Hähnchenstreifen 135
Thai-Kokossuppe mit Hähnchenfleisch 59
Halloumi
   Halloumi im Zucchinimantel
     mit Avocado-Tomaten-Salat 123
   Halloumischeiben mit Grillgemüse 87
Hirsepflänzchen mit Zuckerschoten-Möhren-Gemüse 92

J
Joghurt
   Gemüsecouscous mit Kreuzkümmeljoghurt 142
   Hähnchen- / Tempeh-Gemüse-Spieße mit Minzjoghurt . 119

K
Kabeljau
   Fenchel-Orangen-Salat mit Kabeljau 31
   Tomatensuppe mit Fisch und Thai-Basilikum 57
   Chermoula-Fisch 155
Kalb
   Gemüsesuppe mit Kräuterpistou
     und Kalbfleischbällchen 54
   Grüne Lasagne mit Kalbfleisch 167
   Kalbsschnitzel in der Parmesanhülle
     mit Kartoffel-Rucola-Salat 75
   Kalbsschnitzel mit Zitronen-Thymian-Sauce 80
   Kartoffelstampf mit Kalbsleber 99
   Kohlrabicremesuppe mit Kalbsleberstreifen 50
Kartoffel
   Backofenkartoffeln mit Spinat
     und Curry-Apfel-Schmand /
     und Curry-Garnelen-Schmand 159
   Blumenkohl-Erbsen-Curry mit Kartoffeln 60
   Gemüsesuppe mit Kräuterpistou und weißen Bohnen . . 54
   Kalbsschnitzel in der Parmesanhülle
     mit Kartoffel-Rucola-Salat 75
   Kartoffelgulasch mit Pfifferlingen / mit Putenfleisch 71
   Kartoffel-Kohlrabi-Gratin mit Pekannusskruste /
     mit Zanderfilet 157
   Kartoffelstampf mit Kalbsleber /
     mit Apfelspalten und Röstzwiebeln 99
   Orangengnocchi mit Ingwer-Lauch und Entenbrust /
     und Granatapfelkernen 147
   Peperonata mit Kurkumakartoffeln 101
   Samosas mit Erbsen und Kartoffeln 37
   Schwarzer-Rettich-Auflauf mit Bacon /
     mit Räuchertofu 183
   Sellerieschnitzel in der Parmesanhülle
     mit Kartoffel-Rucola-Salat 75
   Spargel mit gehacktem Ei und Schnittlauch /
     mit Schinken 104
   Wirsingröllchen mit Kartoffel-Pilz-Füllung 91
Kasseler, Krautstrudel mit Kasseler 160
Kaviarlinsen mit Quittenspalten und grünen Bohnen/
   mit Scampi 113
Kichererbsennudeln mit Aprikosen-Gemüse-Ragout /
   mit Aprikosen-Lamm-Ragout 148
Kichererbsentopf mit Lammfleisch / mit Spinat 64
Kohlrabi
   Frühlingsgemüse mit Basilikumtofu / mit Flusskrebsen . 107
   Kartoffel-Kohlrabi-Gratin mit Pekannusskruste /
     mit Zanderfilet 157
   Kohlrabicremesuppe mit Dill-Frischkäsenocken /
     mit Kalbsleberstreifen 50

Kräuterbulgur mit Gemüse-Pilz-Spießen / mit Lammspießen . 141
Kräuterfisch / Kräuterschafskäse im Blätterteig 181
Kräuterseitling
   Kräuterseitlinge mit Zitronen-Thymian-Sauce 80
   Pilz-Crumble mit Hackfleisch / mit Mangold 164
   Spinatspätzle mit Pilz-Ragout 96
Krautstrudel mit Kasseler / mit Räuchertofu 160
Kürbis
   Butternusskürbis-Risotto mit Lachs /
     mit Paprika und Tomaten 136
   Kürbiscremesuppe mit Schinken /
     mit Zitronen-Kürbiskern-Gremolata 47
   Kürbisspalten vom Blech mit Honig-Hähnchenkeule /
     mit Orangen-Sesam-Dip 171

L
Lachs
   Blattspinat mit Lachsfilet 103
   Butternusskürbis-Risotto mit Lachs 136
   Linguine mit Räucherlachs-Sahnesauce 131
Lamm
   Auberginen-Parmigiana mit Lammhack 177
   Kichererbsennudeln mit Aprikosen-Lamm-Ragout 148
   Kichererbsentopf mit Lammfleisch 64
   Kräuterbulgur mit Lammspießen 141
   Peperonata mit Lammkoteletts 101
   Salat mit Mango und Lammstreifen 29
   Türkische Pizza mit Hackfleisch 178
Lasagne, Grüne mit Currylinsen / mit Kalbfleisch 167
Lauch
   Gemüsesuppe mit Kräuterpistou
     und Kalbfleischbällchen 54
   Orangengnocchi mit Ingwer-Lauch und Entenbrust /
     und Granatapfelkernen 147
Leber
   Kartoffelstampf mit Kalbsleber 99
   Kohlrabicremesuppe mit Kalbsleberstreifen 50
Linguine mit Räucherlachs-Sahnesauce /
   mit Rote-Linsen-Sauce 131
Linse
   Gelber Linsensalat mit Kokosgarnelen /
     mit Tempehrädchen 34
   Grüne Lasagne mit Currylinsen 167
   Kaviarlinsen mit Scampi 113
   Linguine mit Rote-Linsen-Sauce 131
   Linsensuppe mit Curry-Frühlingszwiebeln /
     mit Zwiebeln und Speck 45

M
Macadamianuss, Mozzarella mit Papaya
   und Macadamianüssen 17
Makrele, Selleriecremesuppe mit Räuchermakrele 49
Mango, Salat mit Mango und Lammstreifen /
   und knusprigen Tofuwürfeln 29
Mangold, Pilz-Crumble mit Mangold 164
Marone
   Cranberry-Rotkohl mit karamellisierten Maronen 111
   Maronencremesuppe mit Ingwer-Apfelspalten /
     mit Wacholder-Rehstreifen 53
Melone, Safranrisotto mit Melone und Garnelen /
   und Zitronentofu 139
Möhre
   Frikadellen mit Zuckerschoten-Möhren-Gemüse 92
   Frühlingsgemüse mit Basilikumtofu / mit Flusskrebsen . 107
   Gefüllte Paprikaschoten mit Quinoa und Gemüse 173

Gemüsecouscous mit Kreuzkümmeljoghurt /
   mit Putenstreifen 142
Gemüsesuppe mit Kräuterpistou
   und Kalbfleischbällchen / und weißen Bohnen 54
Hirsepflänzchen mit Zuckerschoten-Möhren-Gemüse . . . 92
Kichererbsennudeln mit Aprikosen-Gemüse-Ragout . . . 148
Spaghetti carbonara mit Gemüse 127
Morchel, Tagliatelle mit Sherry-Sahnesauce und Morcheln . 135
Mozzarella
   Auberginen-Parmigiana mit Mozzarella 177
   Mozzarella mit Mango und Macadamianüssen (Variante) . . 19
   Mozzarella mit Papaya und Macadamianüssen 17
   Mozzarella mit Thunfisch und Tomaten 17

N
Nudel
   Kichererbsennudeln mit Aprikosen-Gemüse-Ragout /
     mit Aprikosen-Lamm-Ragout 148
   Linguine mit Räucherlachs-Sahnesauce /
     mit Rote-Linsen-Sauce 131
   Muschelnudeln mit Brokkoli und Schafskäse /
     mit Thunfisch und Paprika 169
   Penne mit Brotbröseln und getrockneten Tomaten /
     und Salsiccia 132
   Rinderfiletsteak / Seitansteak
     mit Espresso-Whiskey-Sauce 83
   Tagliatelle mit Sherry-Sahnesauce
     und Hähnchenstreifen / und Morcheln 135

O
Olive
   Fenchel-Orangen-Salat
     mit getrockneten Tomaten und Oliven 31
   Ziegenkäsepastetchen mit Parmaschinken 39
Orange
   Fenchel-Orangen-Salat mit getrockneten Tomaten
     und Oliven / mit Kabeljau 31
   Orangengnocchi mit Ingwer-Lauch und Entenbrust /
     und Granatapfelkernen 147

P
Pancetta
   Florentiner Bohnentopf mit Pancetta 68
   Spaghetti carbonara mit Pancetta 127
Papaya, Mozzarella mit Papaya und Macadamianüssen 17
Paprikaschote
   Ananas-Curry mit Schweinefleisch /
     mit Tofu und Kokoschips 63
   Butternusskürbis-Risotto mit Paprika und Tomaten 136
   Chili con carne / sin carne 67
   Gefüllte Paprikaschoten mit Quinoa und Gemüse /
     mit Quinoa und Hackfleisch 173
   Gelber Linsensalat mit Kokosgarnelen /
     mit Tempehrädchen 34
   Gemüsecouscous mit Kreuzkümmeljoghurt /
     mit Putenstreifen 142
   Hähnchen-Gemüse-Spieße mit Minzjoghurt 119
   Halloumischeiben /
     Marinierte Nackensteaks mit Grillgemüse 87
   Muschelnudeln mit Thunfisch und Paprika 169
   Peperonata mit Kurkumakartoffeln /
     mit Lammkoteletts 101
   Pilz-Crumble mit Hackfleisch 164
   Salat mit Paprika-Crostini / mit Salsiccia-Crostini 22
   Tempeh-Gemüse-Spieße mit Minzjoghurt 119

Paranuss
   Pomelo-Chicorée-Salat mit Paranüssen 33
   Selleriesalat mit Nüssen und Zimtcroûtons 19
Parmesan
   Rinder- / Rote-Beete-Carpaccio 21
Pekannuss, Kartoffel-Kohlrabi-Gratin mit Pekannusskruste . 157
Penne mit Brotbröseln und getrockneten Tomaten /
   und Salsiccia 132
Peperonata mit Kurkumakartoffeln / mit Lammkoteletts . . . 101
Pilz
   Kartoffelgulasch mit Pfifferlingen 71
   Pilz-Crumble mit Hackfleisch / mit Mangold 164
   Rucola-Tomaten-Sandwich mit Portobellopilz 41
   Selleriecremesuppe mit Steinpilzen 49
   Spinatspätzle mit Pilz-Ragout 96
   Wirsingröllchen mit Kartoffel-Pilz-Füllung 91
Pizza, Türkische Pizza mit getrockneten Tomaten /
   mit Hackfleisch 178
Polenta-Ecken mit Rehragout / mit Sellerieragout 151
Pomelo-Chicorée-Salat mit Hähnchenfleisch /
   mit Paranüssen 33
Portobellopilze mit Kräuterkruste 174
Pute
   Gemüsecouscous mit Putenstreifen 142
   Kartoffelgulasch mit Putenfleisch 71
   Putengeschnetzeltes mit Estragon-Senf-Sauce 84
   Putenröllchen mit Walnussfüllung 89
   Putenschnitzel mit Balsamicosauce
     und geschmolzenen Tomaten 79

Q
Quinoa, Gefüllte Paprikaschoten mit Quinoa und Gemüse /
   mit Quinoa und Hackfleisch 173
Quitte, Kaviarlinsen mit Quittenspalten
   und grünen Bohnen 113

R
Reh
   Cranberry-Rotkohl mit Rehschnitzel 111
   Maronencremesuppe mit Wacholder-Rehstreifen 53
   Polenta-Ecken mit Rehragout 151
Ricotta, Spargel-Cannelloni mit Ricotta 163
Rind
   Chili con carne 67
   Frikadellen mit Zuckerschoten-Möhren-Gemüse 92
   Gefüllte Paprikaschoten mit Quinoa und Hackfleisch . . 173
   Hackbällchen mit Tomaten-Orangen-Sauce 95
   Pilz-Crumble mit Hackfleisch 164
   Rinder-Carpaccio 21
   Rinderfiletsteak mit Espresso-Whiskey-Sauce 83
   Rucola-Tomaten-Sandwich mit Hüftsteak 41
   Sahnewirsing mit Wurstklößchen 108
   Spaghetti bolognese 129
   Türkische Pizza mit Hackfleisch 178
Risotto
   Butternusskürbis-Risotto mit Lachs /
     mit Paprika und Tomaten 136
   Safranrisotto mit Melone und Garnelen /
     mit Melone und Zitronentofu 139
Rotbarsch, Blumenkohl-Erbsen-Curry mit Fisch 60
Rote-Bete-Carpaccio 21
Rotkohl, Cranberry-Rotkohl mit karamellisierten Maronen /
   mit Rehschnitzel 111

Rucola
    Kalbsschnitzel / Sellerieschnitzel
    in der Parmesanhülle mit Kartoffel-Rucola-Salat 75
Rucola-Tomaten-Sandwich mit Hüftsteak /
    mit Portobellopilz 41

S
Safranrisotto mit Melone und Garnelen /
    mit Melone und Zitronentofu 139
Sahnewirsing mit Haselnusstofu / mit Wurstklößchen 108
Salat
    Feldsalat mit Kürbiskernhähnchen /
    mit Kürbiskerntcfu 25
    Fenchel-Orangen-Salat mit Kabeljau 31
    Gelber Linsensalat mit Kokosgarnelen /
    mit Tempehrädchen 34
    Pomelo-Chicorée-Salat mit Hähnchenfleisch /
    mit Paranüssen 33
    Salat mit Mango und knusprigen Tofuwürfeln /
    und Lammstreifen 29
    Salat mit Paprika-Crostini / mit Salsiccia-Crostini 22
    Selleriesalat mit Bresaola und Kapern /
    mit Nüssen und Zimtcroûtons 19
    Spinatsalat mit Rosinen und Pinienkernen /
    mit Rosinen und Schinken 26
Salsiccia
    Penne mit Brotbröseln und Salsiccia 132
    Salat mit Salsiccia-Crostini 22
Samosas mit Erbsen und Hackfleisch /
    mit Erbsen und Kartoffeln 37
Sandwich, Rucola-Tomaten-Sandwich mit Hüftsteak /
    mit Portobellopilz 41
Scampi, Kaviarlinsen mit Scampi 113
Schafskäse
    Kräuterschafskäse im Blätterteig 181
    Muschelnudeln mit Brokkoli und Schafskäse 169
    Zucchini-Schafskäse-Pfannkuchen mit Speck /
    mit Walnüssen 115
Schinken
    Buchweizenpfannkuchen
    mit Schinken-Gorgonzola-Füllung 116
    Kürbiscremesuppe mit Schinken 47
    Spargel-Cannelloni mit Schinken 163
    Spargel mit Schinken 104
    Spinatsalat mit Rosinen und Schinken 26
    Ziegenkäsepastetchen mit Parmaschinken 9
Schwarzer-Rettich-Auflauf mit Bacon / mit Räuchertofu ... 183
Schwein
    Ananas-Curry mit Schweinefleisch 63
    Frikadellen mit Zuckerschoten-Möhren-Gemüse 92
    Gefüllte Paprikaschoten mit Quinoa und Hackfleisch .. 173
    Marinierte Nackensteaks mit Grillgemüse 87
    Penne mit Brotbröseln und Salsiccia 132
    Sahnewirsing mit Wurstklößchen 108
    Scharfe Schweineschnitzel in Erdnusspanade
    mit Gurkensalat 77
    Schweinemedaillons mit Kräuterkruste 174
    Wirsingröllchen mit Hackfleischfüllung 91
Seelachs
    Blumenkohl-Erbsen-Curry mit Fisch 60
    Kräuterfisch im Blätterteig 181
    Tomatensuppe mit Fisch und Thai-Basilikum 57
Seeteufelmedaillons mit Avocado-Tomaten-Salat 123

Seitan
    Gnocchi mit Seitan-Tomaten-Ragout 145
    Seitanschnitzel mit Balsamicosauce
    und geschmolzenen Tomaten 79
    Seitansteak mit Espresso-Whiskey-Sauce 83
Sellerie
    Polenta-Ecken mit Sellerieragout 151
    Selleriecremesuppe mit Räuchermakrele /
    mit Steinpilzen 49
    Selleriesalat mit Bresaola und Kapern /
    mit Nüssen und Zimtcroûtons 19
    Sellerieschnitzel in der Parmesanhülle
    mit Kartoffel-Rucola-Salat 75
    Spaghetti carbonara mit Gemüse 127
Sesam-Thunfisch / Sesamtofu
    mit Tomaten-Fenchel-Gemüse 121
Spaghetti bolognese / sojanese 129
Spaghetti carbonara mit Gemüse / mit Pancetta 127
Spargel
    Frühlingsgemüse mit Basilikumtofu /
    mit Flusskrebsen 107
    Spargel-Cannelloni mit Ricotta / mit Schinken 163
    Spargel mit gehacktem Ei und Schnittlauch /
    mit Schinken 104
    Tagliatelle mit Sherry-Sahnesauce
    und Hähnchenstreifen / und Morcheln 135
Speck
    Florentiner Bohnentopf mit Pancetta 68
    Linsensuppe mit Zwiebeln und Speck 45
    Schwarzer-Rettich-Auflauf mit Bacon 183
    Spaghetti carbonara mit Pancetta 127
    Zucchini-Schafskäse-Pfannkuchen mit Speck 115
    Zwiebelkuchen mit Speck 185
Spinat
    Backofenkartoffeln mit Spinat
    und Curry-Apfel-Schmand /
    und Curry-Garnelen-Schmand 159
    Blattspinat mit Lachsfilet / mit pochiertem Ei 103
    Buchweizenpfannkuchen
    mit Spinat-Gorgonzola-Füllung 116
    Kichererbsentopf mit Spinat 64
    Spinatsalat mit Rosinen und Pinienkernen /
    mit Rosinen und Schinken 26
    Spinatspätzle mit Hähnchen-Champignon-Ragout /
    mit Pilzragout 96
Spitzkohl, Krautstrudel mit Kasseler / mit Räuchertofu 160
Strudel, Krautstrudel mit Kasseler / mit Räuchertofu 160
Suppe
    Gemüsesuppe mit Kräuterpistou
    und Kalbfleischbällchen / und weißen Bohnen 54
    Kohlrabicremesuppe mit Dill-Frischkäsenocken /
    mit Kalbsleberstreifen 50
    Kürbiscremesuppe mit Schinken /
    mit Zitronen-Kürbiskern-Gremolata 47
    Linsensuppe mit Curry-Frühlingszwiebeln /
    mit Zwiebeln und Speck 45
    Maronencremesuppe mit Ingwer-Apfelspalten /
    mit Wacholder-Rehstreifen 53
    Selleriecremesuppe mit Räuchermakrele /
    mit Steinpilzen 49
    Thai-Kokossuppe mit Austernpilzen /
    mit Hähnchenfleisch 59
    Tomatensuppe mit Chili-Mandel-Krokant /
    mit Fisch und Thai-Basilikum 57

T

Tagliatelle mit Sherry-Sahnesauce und Hähnchenstreifen /
und Morcheln 135
Tempeh
    Gelber Linsensalat mit Tempehrädchen 34
    Tempeh-Gemüse-Spieße mit Minzjoghurt 119
Thai-Kokossuppe mit Austernpilzen / mit Hähnchenfleisch . . 59
Thunfisch
    Mozzarella mit Thunfisch und Tomaten 17
    Muschelnudeln mit Thunfisch und Paprika 169
    Sesam-Thunfisch mit Tomaten-Fenchel-Gemüse 121
Tofu
    Ananas-Curry mit Tofu und Kokoschips 63
    Chili sin carne 67
    Feldsalat mit Kürbiskerntofu 25
    Frühlingsgemüse mit Basilikumtofu 107
    Krautstrudel mit Räuchertofu 160
    Safranrisotto mit Melone und Zitronentofu 139
    Sahnewirsing mit Haselnusstofu 108
    Salat mit Mango und knusprigen Tofuwürfeln 29
    Schwarzer-Rettich-Auflauf mit Räuchertofu 183
    Sesamtofu mit Tomaten-Fenchel-Gemüse 121
    Tofu mit Papaya und Macadamianüssen (Variante) 17
    Tofuschnitzel in Erdnusspanade mit Gurkensalat 77
Tomate
    Butternusskürbis-Risotto mit Paprika und Tomaten 136
    Chili con carne / sin carne 67
    Fenchel-Orangen-Salat mit getrockneten Tomaten
        und Oliven 31
    Gnocchi mit Hähnchen-Tomaten-Ragout /
        mit Seitan-Tomaten-Ragout 145
    Grüne Lasagne mit Currylinsen / mit Kalbfleisch 167
    Halloumi im Zucchinimantel
        mit Avocado-Tomaten-Salat 123
    Mozzarella mit Thunfisch und Tomaten 17
    Penne mit Brotbröseln und getrockneten Tomaten 132
    Putenschnitzel mit Balsamicosauce
        und geschmolzenen Tomaten 79
    Rucola-Tomaten-Sandwich mit Hüftsteak /
        mit Portobellopilz 41
    Salat mit Salsiccia-Crostini / mit Paprika-Crostini 22
    Seeteufelmedaillons mit Avocado-Tomaten-Salat 123
    Seitanschnitzel mit Balsamicosauce
        und geschmolzenen Tomaten 79
    Sesam-Thunfisch /
        Sesamtofu mit Tomaten-Fenchel-Gemüse 121
    Spaghetti bolognese / sojanese 129
    Spargel-Cannelloni mit Ricotta / mit Schinken 163
    Tomatensuppe mit Chili-Mandel-Krokant /
        mit Fisch und Thai-Basilikum 57
    Türkische Pizza mit getrockneten Tomaten 178
Türkische Pizza mit getrockneten Tomaten /
    mit Hackfleisch 178

W

Walnuss
    Auberginenröllchen / Putenröllchen
        mit Walnussfüllung 89
    Ziegenkäsepastetchen mit Sherryzwiebeln 39
    Zucchini-Schafskäse-Pfannkuchen mit Walnüssen 115
Wirsing
    Sahnewirsing mit Haselnusstofu / mit Wurstklößchen . . 108
    Wirsingröllchen mit Hackfleischfüllung /
        mit Kartoffel-Pilz-Füllung 91

Z

Zander, Kartoffel-Kohlrabi-Gratin mit Zanderfilet 157
Ziegenkäsepastetchen mit Parmaschinken /
    mit Sherryzwiebeln 39
Zucchini
    Chermoula-Zucchini 155
    Gefüllte Paprikaschoten mit Quinoa und Gemüse 173
    Gemüsecouscous mit Kreuzkümmeljoghurt /
        mit Putenstreifen 142
    Hähnchen-Gemüse-Spieße mit Minzjoghurt 119
    Halloumi im Zucchinimantel
        mit Avocado-Tomaten-Salat 123
    Halloumischeiben /
        Marinierte Nackensteaks mit Grillgemüse 87
    Kichererbsennudeln mit Aprikosen-Gemüse-Ragout . . . 148
    Kichererbsentopf mit Lammfleisch / mit Spinat 64
    Kräuterbulgur mit Gemüse-Pilz-Spießen 141
    Tempeh-Gemüse-Spieße mit Minzjoghurt 119
    Zucchini-Schafskäse-Pfannkuchen mit Speck /
        mit Walnüssen 115
Zuckerschote
    Ananas-Curry mit Schweinefleisch /
        mit Tofu und Kokoschips 63
    Frikadellen mit Zuckerschoten-Möhren-Gemüse 92
    Frühlingsgemüse mit Basilikumtofu / mit Flusskrebsen . 107
    Hirsepflänzchen mit Zuckerschoten-Möhren-Gemüse . . . 92
Zwiebel
    Kartoffelstampf mit Apfelspalten und Röstzwiebeln 99
    Linsensuppe mit Zwiebeln und Speck 45
    Ziegenkäsepastetchen mit Sherryzwiebeln 39
    Zwiebelkuchen mit Kürbiskernen / mit Speck 185

Ebenfalls erhältlich ...

ISBN 978-3-86244-697-1

ISBN 978-3-86244-496-0

ISBN 978-3-86244-120-4

ISBN 978-3-86244-495-3

CHRISTIAN

www.christian-verlag.de

Kochen & genießen mit den Jahreszeiten

LandFRISCH · März & April | Nr. 2/14 | 4,50 €

Neu: Jetzt mit Weintipp

LandFRISCH
KOCHEN MIT DEN JAHRESZEITEN

75 Rezepte · Liebevoll zubereitet

Schafskäse · Zu Besuch in der Manufaktur

Kräuterbrot · Aus der Backstube der Müllerin

Spinat · Rezepte mit dem zarten Gemüse

Alle 2 Monate FRISCH im Handel!

Leichter Genuss
Vorfreude auf frisches Gemüse

Aus der *Land*IDEE-Familie